Le berger australien

Remerciements

Nous tenons à remercier pour leurs participations, Martine et Patrick Aufroy, Isabelle Baudy-Cordonnier, Marie-Anne Bernard, Véronique Blondeleau, Natasha Dufour, Claire Mary, Christine Medevielle et Jean-Marie Blusseau-Bourcier, Raphaëlle Ruiz, Mathilde et Olivier Wallois, la Société centrale canine, le CFACRBA, et notre vétérinaire Daniel Caille.

Direction éditoriale
Hervé Chaumeton, Philippe Coppé

PAO
Nathalie Lachaud

Photogravure
Stéphanie Henry, Chantal Mialon

ISBN : 2-84416-408-0
N° d'éditeur : 84416
Dépôt légal : décembre 2005

Achevé d'imprimer : novembre 2005
Imprimé en Slovaquie par Polygraf Print GmbH, Presov

Le berger australien

Pascale et Pascal Grappin

ARTÉMIS
ÉDITIONS

Sommaire

Introduction

Que vous l'appeliez berger australien ou *Australian Shepherd* tel qu'il est nommé dans la nomenclature officielle de la Fédération cynologique internationale (FCI), il est en train de conquérir le cœur d'un grand nombre de nouveaux propriétaires. Son nom laisserait supposer qu'il nous arrive d'Australie mais, il n'en est rien, ce magnifique chien de berger que l'on surnomme également « aussie » vient des États-Unis.

Alors que beaucoup de races voient leur cheptel stagner et même régresser pour certaines, la courbe du nombre des naissances de berger australien est en pleine croissance depuis quelques années. On peut considérer que l'aussie est un nouveau venu dans la cynophilie internationale puisque sa reconnaissance officielle ne remonte qu'à 1996.

Pourquoi cet engouement pour cette race ? Le berger australien est pourvu de nombreuses qualités. Il va d'abord attirer votre regard par les nombreuses variétés de sa robe : seize combinaisons de couleurs existent, il y en aura forcément une qui vous plaira. Lorsqu'il vous fixe dans les yeux, vous ne pouvez pas rester insensible à l'intelligence qui se dégage de son regard aux couleurs des plus variées. Son poil n'est pas trop long et ne demande pas beaucoup d'entretien. Il est de corpulence moyenne, ce qui lui permet de trouver sa place facilement dans tous les foyers. Mais ce qui a fait sa popularité aux États-Unis et qui touche aujourd'hui la France, c'est sa polyvalence.

Il est bien sûr à l'aise au sein de la famille et aura plaisir à participer aux promenades ou randonnées. Il sera aussi le partenaire idéal du jogging matinal ou de la balade à vélo, ses aptitudes physiques de vitesse et d'endurance vous surprendront. C'est un compagnon fidèle qui est toujours prêt à vous étonner par son sens de l'anticipation et sa faculté de compréhension. Il est agréable à éduquer et, une fois les règles de bonne conduite acquises, on se prend vite au jeu de vouloir lui apprendre des exercices un peu plus compliqués. Cette réceptivité alliée à ses performances physiques donne à beaucoup de propriétaires de berger australien l'envie de partager encore plus d'activités avec leur nouveau compagnon. Les sports canins sont alors là pour répondre à toutes leurs envies. Que ce soit le canicross, l'agility, le flyball, le frisbee, l'obédience…, toutes ces disciplines vous permettront de partager des moments inoubliables avec votre berger australien et de renforcer ainsi votre complicité. Si l'aspect ludique des disciplines sportives canines ne vous tente pas, vous pourrez pratiquer avec votre aussie des activités plus « utilitaires » comme le cavage (recherche des truffes), le travail sur troupeaux, la recherche de personnes ou la recherche en décombres. Il peut aussi être utilisé comme chien d'aveugle ou d'assistance aux handicapés, chien de sauvetage, chien de traîneaux, ou encore chien de chasse (leveur de gibier à plumes). Vous serez étonné par les aptitudes de ce chien de berger qui était presque inconnu en France il y a 15 ans.

Généralités

L'HISTOIRE DU BERGER AUSTRALIEN

Il faut savoir que, excepté pour les races de création récente, l'incertitude demeure sur les mécanismes de formation des races, car nous ne disposons pas de traces écrites très anciennes. Aussi, en ce qui concerne le berger australien, nous avancerons quelques hypothèses qui font à peu près l'unanimité chez les passionnés.

Ses origines

Le nom de berger australien laisserait supposer que le berceau de la race est l'Australie mais pourtant c'est aux États-Unis que l'aussie tel que nous le connaissons aujourd'hui a commencé à se développer.

Le berger australien aurait vu le jour au Pays basque où il était le compagnon de travail des bergers et gardien de troupeaux. Il est peut-être alors le berger des Pyrénées ou un de ses proches cousins. Au début du XIXe siècle, certains de ces bergers partent pour rejoindre l'Australie à la recherche de nouveaux espaces. Ils ont eu connaissance des énormes troupeaux de moutons que les colons britanniques élèvent dans le sud du pays. Ces bergers britanniques travaillent, bien sûr, avec les chiens qu'ils ont emmenés avec eux. Ils utilisaient alors probablement des collies d'Écosse et des border collies, voire des bobtails ou les ancêtres du bearded collie.

Lorsque ces chiens du Pays basque furent mêlés aux chiens britanniques, des mélanges ont eu lieu pour donner les bases de l'aussie que nous connaissons aujourd'hui. Les bergers ont alors très vite compris le parti qu'ils pouvaient tirer de la nouvelle race qu'ils étaient en train de créer. La demande croissante d'exportation de laine australienne vers les États-Unis incite alors certains de ces bergers basques à rejoindre, avec leurs troupeaux et leurs chiens, le Nouveau Continent en plein développement.

En effet, c'est dans les grandes plaines du nord-ouest américain que ces bergers sont venus s'installer pour exploiter les terres et utiliser ces grands pâturages pour élever des ovins et des bovins. C'est à cette époque que le nom de *Little blue dog* (petit chien bleu) fait son apparition, il permet d'attester que le gène merle était déjà présent dans le cheptel. C'est ainsi que la légende raconte que, lorsque les Indiens rencontraient un berger avec un sujet aux yeux bleus, ils l'appelaient *Ghost-eyed ones* (celui qui a des yeux de fantômes) et le considéraient comme un envoyé de l'au-delà. Ils lui laissaient alors la vie sauve ainsi qu'à son maître, de peur que les esprits ne se mettent en colère et se vengent.

Ces bergers devaient s'adapter à des conditions rudes et leurs chiens également. Une sélection naturelle s'opère alors, permettant aux sujets les plus vifs de s'en sortir. Cette mutation permet de voir arriver une nouvelle génération de chiens plus résistants et plus intelligents.

L'efficacité de ces chiens travailleurs les rend de plus en plus populaires, et après avoir prouvé leurs aptitudes à garder les moutons, ils

intègrent naturellement les ranchs où ils travaillent derrière les chevaux et les bovins. Ils deviennent les chiens des cow-boys. Au milieu du XXe siècle, les bergers australiens commencent à participer à des démonstrations de travail sur troupeau et sont présents dans les rodéos et les foires aux bestiaux. Entre les années 1950 et 1960, un des pionniers des démonstrations canines avec des bergers australiens fut Jay Sisler, originaire de l'Idaho. Il a parcouru les États-Unis et le Canada avec un spectacle mettant en scène Sisler's Shorty et Sisler's Stub. Les chiens de ce dernier furent les héros de plusieurs films dont ceux de Disney: *STUB – The Greatest Cowdog in the west et Run Appaloosa Run.*

Ces deux chiens, issus de la même portée, avaient pour parents Blue Star et le mâle rouge merle Keeno. Shorty est à l'origine de beaucoup des bergers australiens que nous connaissons aujourd'hui.

L'Australian Shepherd Club of America

C'est en 1957 qu'un petit groupe d'amateurs de la race décide de créer l'Australian Shepherd Club of America (ASCA). Pendant 14 ans, les Australian Shepherd sont enregistrés à titre temporaire sur un livre d'origine (le IESR). En 1971, l'ASCA crée sont propre registre. En 1975, un comité composé d'éminences cynotechniques se penche sur la description de l'aussie idéal, tel qu'il doit être pour garantir ses aptitudes de travail et publie en 1977 la première version du standard de l'Australian Shepherd.

En 1985, quelques membres de l'ASCA font pression pour que soit demandée la reconnaissance de la race auprès de l'AKC (American Kennel Club). La majorité des membres de l'ASCA, craignant une séparation de la race en deux types distincts (travail ou exposition de beauté) s'oppose à cette demande de reconnaissance.

Il est probable que ces membres déçus soient à l'origine de la création de l'United States Australian Shepherd Association (USASA). Ils reprirent le standard de l'ASCA, lui apportèrent quelques modifications et la race fut reconnue en 1991 par l'AKC. Il y a là un paradoxe puisque l'association qui a déposé le standard reconnu actuellement n'est pas la plus représentative si l'on considère le nombre de chiens inscrits.

La race fut ensuite reconnue à titre provisoire par la FCI (Fédération cynologique internationale) en 1996. Il faudra attendre la fin de l'année 2006 (après la période probatoire de 10 ans demandée par la FCI pour toutes les nouvelles races) pour voir le berger australien reconnu définitivement et autorisé à obtenir un titre de champion international de beauté.

L'arrivée de l'aussie en France

C'est dans les années 1980 que les premiers bergers australiens posent leurs pattes sur le sol français. Ils furent importés par Mme Brittner, puis par M. Tamba. Les premiers chiots « français » naissent en 1988. Ils ne peuvent bien sûr pas être inscrits au Livre des origines français (LOF), puisque la race n'est pas encore officiellement reconnue. En 1989, c'est une éleveuse de bouvier bernois, Mme Gounon, qui décide d'importer plusieurs sujets des États-Unis. Après de multiples recherches, elle prend contact avec Mme Georjean Bucha-Kaslow dont l'élevage est « Gefion » et qui est alors la vice-présidente de l'Australian Shepherd Club of America (ASCA). Elle fait l'acquisition de cinq sujets, trois nés chez Mme Bucha et deux que celle-ci avait achetés et accepte de lui céder.

Pendant cette même année 1989, Mme Brigitte Joly se retrouve, elle, presque involontairement propriétaire de quatre bergers australiens. Elle élèvera la race de 1990 à 1997 mais sans affixe.

Ces deux éleveuses ont contribué à assurer la promotion de la race en montrant leurs chiens à un public le plus large possible.

Les clubs de race

Fin 1989, Mme Joly décide, avec un noyau d'autres propriétaires et d'éleveurs, de créer une association regroupant les amateurs d'aussie. C'est ainsi que voit le jour le Club français pour l'amélioration des chiens de race berger australien. (CFACRBA). Cette association se met au travail, recense le cheptel français, tient un livre de généalogie des chiens nés en France, multiplie les interventions auprès de la SCC (Société centrale canine) et de la FCI (Fédération cynologique internationale)pour que la race soit officiellement reconnue. C'est en 1996 que la FCI reconnaît officiellement la

L'évolution de la race en France depuis 1996

Les inscriptions au LOF selon les informations communiquées par la Société centrale canine depuis l'année de reconnaissance de la race sont les suivantes :

Année	Nombre d'inscriptions
1996	29 (sujets adultes confirmés)
1997	247
1998	231
1999	325
2000	381
2001	682
2002	863
2003	1 145
2004	1 306

race sous la classification Australian Shepherd et reprend le standard tel qu'il a été établi et validé par l'AKC (American Kennel Club). Les aussies peuvent alors être inscrits au Livre des origines français.

Les premiers éleveurs à inscrire des chiots nés en France furent : Mme Cochet, Mme Dumas, Mme Joly, M. Hoorelbeke, Mme Levitte, Mme Bernard et M. et Mme Wallois.

La reconnaissance officielle de la race, avec la participation aux expositions et l'accessibilité aux titres de champions, permet un développement plus rapide.

Début 1997, un autre club voit le jour : il s'agit du Club du berger australien (CBA). La Société centrale canine ne reconnaissant qu'une seule association par race, elle choisit de mettre en stage d'affiliation le CFACRBA, avec comme obligation d'intégrer les membres du CBA qui le souhaitent. Ces deux clubs n'en font ainsi plus qu'un.

Le CFACRBA a pour responsabilité la gestion de l'évolution de la race et sa promotion. Le club peut ainsi organiser chaque année une Nationale d'élevage, des Régionales d'élevage et des Spéciales de race avec attribution de Certificat d'aptitude de conformité au standard (CACS). Elle doit également établir la grille de cotation des reproducteurs.

Début 2000, la SCC a confié au CFACRBA la charge d'une autre race de berger australien : le kelpie.

Le standard du berger australien

Le standard est un texte officiel qui décrit le représentant idéal d'une race, tant sur le plan morphologique que sur le plan du caractère. Il est édité par le club de race dans son pays d'origine. Après avoir été adopté par la Fédération cynologique internationale (FCI), il fait force de loi dans les expositions du monde entier.

Pourquoi un standard ?

Le standard est édité par le pays reconnu comme étant à l'origine de la race, les États-Unis pour le berger australien.

Ce texte apporte une description complète de la race en indiquant les formes, les dimensions et la nature des différentes parties qui composent le corps du chien. C'est ainsi que l'on fixe les caractéristiques d'une race. L'objectif d'un éleveur est de produire des chiens se rapprochant le plus possible du standard idéal. Le chien parfait n'existe pas. La variabilité de certains paramètres par rapport au standard fera qu'un chien est considéré comme « beau » ou non par un spécialiste ou un juge canin. Dans le cas du berger australien, le standard n'est pas unique et celui qui est reconnu par la FCI n'est pas le plus représentatif du cheptel américain. En effet c'est le standard de l'ASCA qui est le plus ancien et qui sert de modèle actuellement à une grande majorité d'éleveurs aux États-Unis. Cela dit, sans vouloir faire de polémique, nous parlerons dans cet ouvrage du standard officiellement reconnu par la FCI (le standard American Kennel Club), et nous nous permettrons quelques remarques lorsque le standard de l'ASCA (Australian Shepherd Club of America) apporte des précisions ou des compléments aux diverses descriptions.

> Aperçu historique

Alors qu'il existe de nombreuses théories sur l'origine du chien de berger australien, la race telle que nous la connaissons aujourd'hui, s'est développée exclusivement aux États-Unis. Ce nom de berger australien lui fut donné par association avec les bergers d'origine basque arrivés aux États-Unis au XIXe siècle en provenance d'Australie. La popularité du berger australien n'a cessé de croître avec le succès de

Standard du berger australien

Standard de la FCI n° 342/9.12.1996/F

Traduction : Professeur Raymond Triquet d'après le standard de l'American Kennel Club

Origine : États-Unis

Date de publication du standard d'origine en vigueur : 24.07.1996.

Utilisation : Chien de berger pour la ferme ou le ranch.

Classification FCI :

Groupe 1 : Chiens de berger et de bouvier (sauf chiens de bouvier suisses)

Section 1 : Chiens de berger

Sans épreuve de travail.

l'équitation de style western après la seconde guerre mondiale, les gens ont appris à le connaître par les rodéos, les concours de chevaux, les films et les spectacles télévisés. Leur nature polyvalente et docile a fait d'eux des chiens précieux dans les fermes et les ranchs américains. Les éleveurs américains de bestiaux ont continué à développer la race, en entretenant sa polyvalence, sa vive intelligence, son puissant instinct de conduite des troupeaux et son aspect qui attire le regard, tout ce qui, à l'origine, avait forcé leur admiration. Chaque individu est unique pour ce qui est de la couleur de la robe et des marques, mais tous les bergers australiens font preuve d'un dévouement inégalé à leur famille. Leurs nombreuses qualités sont la garantie de la durée de la popularité des chiens.

> Aspect général

Le berger australien est bien proportionné, légèrement plus long que haut, de taille et d'ossature moyennes. Sa robe offre originalité et variété. Il est attentif et plein de vivacité, souple et agile, bien charpenté et musclé sans lourdeur. Poil de longueur et de texture moyennes. La queue est naturellement courte, ou écourtée.

> Proportions importantes

La longueur, mesurée de la pointe du sternum à la pointe de la fesse, est légèrement supérieure à la hauteur, mesurée du sommet du garrot au sol. Construction: solide dans sa construction, avec ossature moyenne. Caractère masculin, sans grossièreté, de la structure du mâle. Caractère féminin de la femelle, sans que l'ossature soit frêle.

> Comportement et caractère

Chien de travail intelligent, doué d'un instinct prononcé pour la conduite et la garde des troupeaux. Compagnon fidèle, il possède l'énergie suffisante pour travailler une journée entière. Doué d'un tempérament égal, il a un bon naturel, rarement querelleur. Il peut être

Silhouette de l'aussie

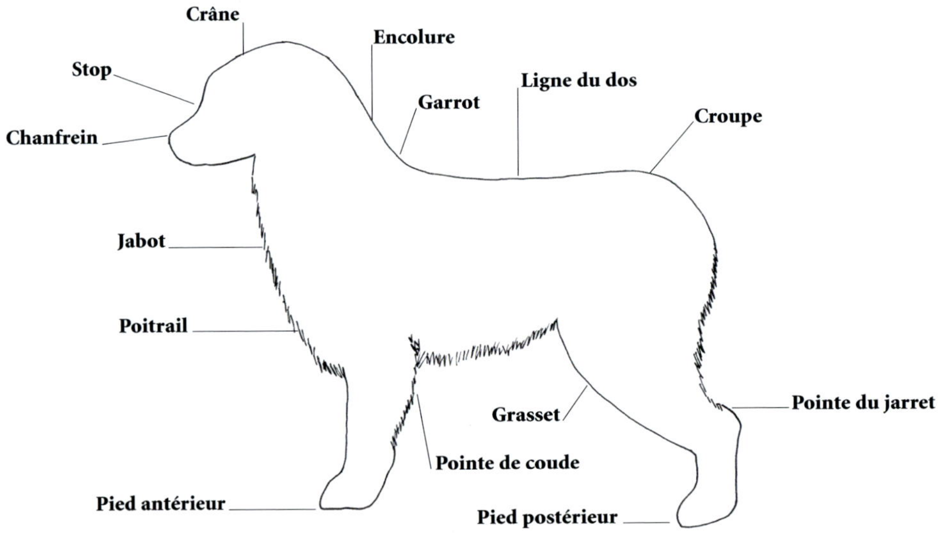

Squelette de l'aussie

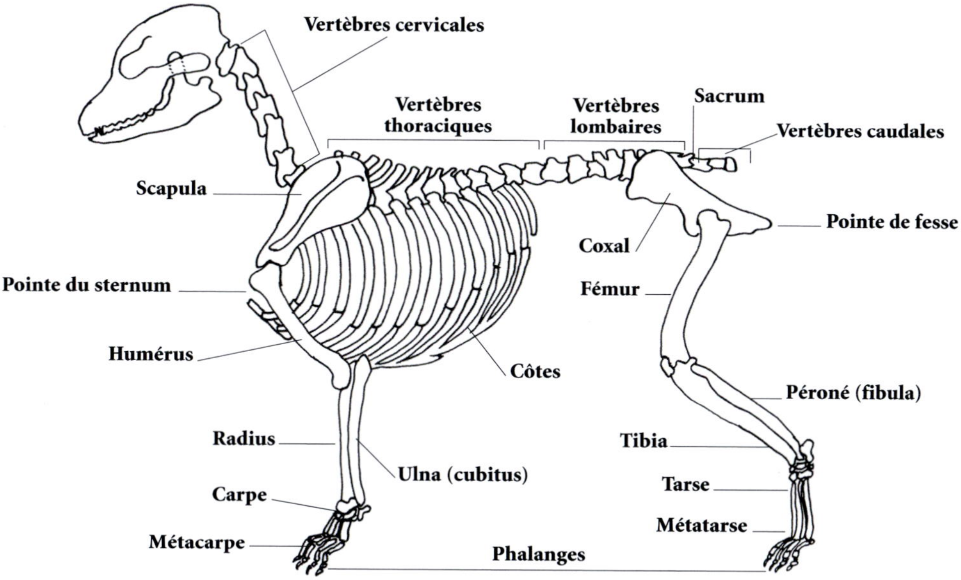

quelque peu réservé lors des premières rencontres.

> Tête et crâne

La tête est nettement dessinée, forte et sèche. Dans ses dimensions, elle doit être proportionnée au corps. Le sommet du crâne est plat ou légèrement bombé. Il peut présenter une légère protubérance occipitale. Le crâne est aussi large que long. Le stop est modéré, bien défini.

> Museau

Sa longueur est égale ou légèrement inférieure à celle du crâne. De profil, la ligne supérieure du crâne et la ligne du chanfrein sont parallèles. Elles sont séparées par un stop modéré mais bien défini. Le museau s'amenuise peu de la base à la truffe et il est arrondi à l'extrémité. Chez les bleu merle et les noirs, la truffe est noire (comme les lèvres). Les rouge merle et les rouges ont la truffe marron (comme les lèvres). Chez les chiens merle, on admet de petites taches roses sur la truffe. Cependant, ces taches ne doivent pas couvrir plus du quart de la truffe chez les chiens de plus de 1 an, ce qui est un défaut grave.

> Dents

La denture est complète; dents fortes et blanches. Articulée en ciseaux ou en tenailles.

> Yeux

Ils sont de couleur marron, bleue, ambre ou toute variation ou combinaison de ces

couleurs, y compris mouchetures et marbrures. En forme d'amande, les yeux ne sont ni saillants ni enfoncés dans les orbites. Les chiens à la robe bleu merle ou noire ont les paupières pigmentées de noir, les chiens à la robe rouge merle ou rouge pigmenté de marron.

Le berger australien doit se montrer attentif, intelligent, vigilant et animé du désir de plaire. Le regard doit être vif mais amical.

> Oreilles

Elles sont triangulaires au pavillon de dimensions modérées et attachées haut sur la tête. Quand le chien est très attentif, elles se replient vers l'avant ou sur le côté comme une oreille en rose. L'oreille dressée ou pendante constitue un défaut grave.

> Cou

Il est fort, de longueur modérée et le dessus légèrement galbé. Il s'insère bien entre les épaules.

> Corps

Le dessus est droit et solide, horizontal et ferme du garrot aux hanches. La croupe est modérément inclinée. La poitrine n'est pas large mais haute, son point le plus bas atteignant le coude. Les côtes sont longues et bien cintrées, ni plates ni en tonneau. La ligne du dessous est modérément relevée.

> Queue

Droite, naturellement courte ou écourtée, elle ne doit pas mesurer plus de 10 cm (4 pouces) de long.

> Membres antérieurs

Leur ossature est forte, plutôt ovale que ronde. Les omoplates sont longues, plates, assez rapprochées au garrot et bien inclinées. Le bras

doit avoir à peu près la même longueur que l'omoplate et forme avec elle un angle approximativement droit. L'avant-bras est d'aplomb et perpendiculaire au sol. Les métacarpes sont de longueur moyenne et très légèrement inclinés. On peut faire l'ablation du pouce antérieur. Les pieds antérieurs sont ovales, compacts, avec des doigts serrés et bien cambrés. Les coussinets sont épais et élastiques.

> Membres postérieurs

La largeur de l'arrière-main est égale à celle de l'avant-main mesurée au niveau des épaules. L'angle approximativement droit formé par le bassin et la cuisse correspond à celui formé par l'omoplate et l'humérus. Les grassets sont nettement dessinés. Les jarrets sont courts, perpendiculaires au sol, parallèles vus de derrière. Il faut faire l'ablation des ergots. Les pieds postérieurs sont ovales, compacts, avec des doigts serrés et bien cambrés. Les coussinets sont épais et élastiques.

> Allures

Unies, dégagées et faciles. Le berger australien fait preuve d'une grande agilité dans ses mouvements. Enjambées couvrant bien du terrain, en équilibre. Les membres antérieurs et postérieurs se déplacent dans des plans parallèles à l'axe médian (sagittal) du corps. À mesure que la vitesse augmente, les pieds (antérieurs et postérieurs) convergent vers le plan médian tandis que le dessus reste ferme et horizontal. Le berger australien doit être agile et capable de changer de direction ou d'allure instantanément.

> Poil

Le poil est de texture et de longueur moyennes, droit à ondulé, résistant aux intempéries. Le sous-poil varie en quantité avec les saisons. Le poil est court et lisse sur la tête, les oreilles, le devant des membres antérieurs et sous les jarrets. L'arrière des membres antérieurs et les culottes sont modérément fournis. Crinière et jabot modérés, plus marqués chez les mâles que chez les femelles. Un poil atypique constitue un défaut grave.

> Couleurs

Les couleurs acceptées sont: bleu merle, noir, rouge merle, rouge (avec ou sans taches blanches, avec ou sans marques feu pour la couleur cuivre), toutes couleurs étant à égalité. Le collier blanc ne s'étend pas au-delà du garrot. Le blanc est admis au cou (soit partiellement, soit en formant un collier complet), au poitrail, aux membres, à la partie inférieure du museau, avec liste en tête, et peut s'étendre à partir du dessous jusqu'à 10 cm (4 pouces), en mesurant de l'horizontale passant par le coude. Le blanc sur la tête ne doit pas dominer et les yeux doivent être complètement entourés de zones colorées. Les sujets merle ont pour caractéristique de foncer avec l'âge.

> Taille

La taille préférée est de 51-58 cm (20-23 pouces) chez le mâle et de 46-53 cm (18-21 pouces) chez la femelle. La qualité ne doit pas être sacrifiée au profit de la taille.

Les défauts

Tout écart par rapport à ce qui précède doit être considéré comme un défaut qui sera pénalisé en fonction de sa gravité.

> Défauts éliminatoires

– Prognathisme supérieur ou inférieur avec décalage de plus de 3 mm (1/8e de pouce). La perte de contact causée par des incisives centrales courtes dans une denture par ailleurs correcte ne sera pas considérée comme prognathisme. Les dents cassées ou manquantes par accident ne seront pas pénalisées.

– Taches blanches sur le corps, c'est-à-dire entre le garrot et la queue, sur les côtés entre les coudes et la partie postérieure de l'arrière-train, pour toutes les couleurs.

N. B. : Les mâles doivent avoir deux testicules d'aspect normal complètement descendus dans le scrotum.

Remarques et commentaires sur le standard

En France, il n'existe pas d'interprétation officielle du standard réalisé par le club de race. Le CFACRBA (Club français pour l'amélioration des chiens de race berger australien) travaille sur le projet. Pour vous aider à comprendre le standard, nous allons nous appuyer en partie sur les directives communiquées par Mme Pamela Levin (juge américaine spécialiste de l'Australian Shepherd et formatrice des juges aux États-Unis) lors d'un séminaire sur la race, à l'occasion d'une Nationale d'élevage en France, ainsi que sur notre connaissance des chiens de berger et sur la biomécanique qui accompagne cette activité.

> Caractéristiques

Beaucoup de points du standard de l'aussie utilisent les adjectifs modéré, moyen ou équilibré. Ceci s'explique par le souci de conservation des aptitudes de travail du berger australien.

Le sujet doit être rapide, mobile, et suffisamment solide lorsqu'il se déplace au milieu des troupeaux ou qu'il fait face à un bovin récalcitrant. Tout excès nuirait à l'équilibre général du chien et à ses performances.

> Corps

Le corps de l'aussie doit être légèrement plus long que haut, les mesures étant prises de la pointe du sternum à la pointe de la fesse pour l'horizontal, et du garrot (pointe supérieure de l'omoplate) au sol pour la verticale. Cette forme rectangulaire peut se traduire par une différence entre hauteur et longueur, d'environ 15 %.

La ligne de dos de l'aussie doit être parfaitement horizontale et non saillante. Lorsque le sujet est en mouvement, elle ne doit ni rouler de droite à gauche, ni se creuser, ceci attestant de la fermeté de cette dernière, mais sans lourdeurs.

L'ossature générale ne doit pas être trop frêle, ni trop charpentée. La différence entre les sujets féminin et masculin doit être bien marquée. La ligne de dessus doit se terminer par une croupe à l'inclinaison modérée.

> Tête

L'expression typique de la tête de l'aussie provient de la morphologie de celle-ci. Elle ne doit pas être trop massive (hypertype), mais le crâne doit être carré et bien musclée sur sa partie supérieure, il est plat ou très légèrement bombé. La tête doit être proportionnée à la taille du corps. Le museau (ou chanfrein) doit être de longueur égale ou légèrement plus court que le crâne. Le stop est le point de rupture entre la ligne supérieure du museau et la pente conduisant au sommet du crâne. Cette cassure des lignes doit être marquée, mais sans excès. Ce stop ne doit pas être non plus trop fuyant. Lorsque l'on passe la main sur le museau du chien, en direction du crâne, on ne doit pas sentir un blocage à cet endroit, mais percevoir simplement un net changement d'orientation. La ligne de crâne et la ligne de chanfrein doivent être bien parallèles. Le chanfrein doit s'amenuiser doucement (ne pas être pointu) et s'arrondir à son extrémité (ne pas être tronqué). Il ne doit pas y avoir d'excès de peau sur les joues, et les babines, ces dernières ne doivent pas êtres lâches. C'est ce qui permet de dire que la tête est sèche et bien ciselé. La couleur de la pigmentation des paupières (ainsi que celle des babines, de la truffe et des muqueuses) doit être en harmonie avec la robe, c'est-à-dire noir pour les chiens noir (uni, bi, tri) ainsi que les bleu merle, et foie (marron) pour les sujets rouge (uni, bi, tri) ainsi que les rouge merle. Sur les sujets adultes (plus de 1 an) merle, un ladre sur la truffe (absence de pigmentation) est toléré jusqu'à maximum 25 % de la surface. Au-delà de cette tolérance, le sujet doit être sanctionné.

Interview de M. Patrick Aufroy, actuel président du Club français pour l'amélioration des chiens de race berger australien (CFACRBA)

Comment percevez-vous la grande popularité actuelle de l'aussie?

En tant que président du club, je ne peux que me réjouir d'une telle popularité mais celle-ci ne doit évidemment pas se faire au détriment des qualités ancestrales de la race. La reproduction du berger australien ne se limite pas à marier un noir tricolore avec un bleu merle et cette évidence pour tous les éleveurs respectueux de la race est un message qui a du mal à passer dans les mentalités des nouveaux éleveurs venus vers notre race pour des raisons moins nobles.

Les risques de déviance au niveau du type pourront être rattrapés mais les dérapages au niveau du caractère prendront certainement plus de temps à être corrigés et risquent de mettre à mal cette popularité nouvelle.

Comment qualifierez-vous la situation du cheptel français actuel?

Au niveau du type ou en tout cas celui présent en exposition, on tend vers une homogénéisation, un type plus modéré qu'auparavant. Cette évolution est sensible dans les longueurs qui redeviennent plus proches de celles du cheptel européen. L'arrivée de juges plus chevronnés devrait confirmer cette tendance dans les années à venir.

Quelles sont les orientations du Club? Et qu'allez vous faire pour protéger la race dans les années à venir?

La priorité dans les années à venir sera évidemment de garder le caractère typique de notre race : intelligence, vivacité, méfiance avec les étrangers mais proximité avec l'homme. La difficulté de faire comprendre qu'il faut retirer de la reproduction des sujets trop craintifs ou agressifs sera le challenge des années futures.

Ensuite communiquer fortement sur le fait que le berger australien est un chien sportif de 20 kg, et non uniquement une boule de poils aux yeux bleus.

Le système de cotation du club doit permettre de classer les reproducteurs. Malheureusement, les chiens cotés 3 ou plus (c'est-à-dire dont le club possède les tests des yeux et des hanches, un test de caractère, et un excellent en exposition « Club ») ne représente que 3,5 % des chiens français et ne représente pas 40 % des reproducteurs utilisés. Chaque propriétaire, amoureux à juste raison de sa chienne, doit se rendre compte de la responsabilité qu'il a par rapport à la race quand il fait naître une portée sans tester les parents.

Ensuite, il va falloir responsabiliser les éleveurs en leur donnant les moyens d'évaluer les choix stratégiques qu'ils doivent faire. Le club de race n'a vocation à se substituer à la responsabilité de l'éleveur. Le club est là pour donner des informations, analyser la situation du cheptel français, tracer l'horizon idéal vers lequel les éleveurs respectueux de la race devraient s'engager.

> Oreilles

Les oreilles de l'aussie sont très mobiles et peuvent prendre plusieurs positions selon l'attention que porte le chien aux événements extérieurs. Elles travaillent en totale harmonie avec les yeux.

Elles sont de taille modérée, triangulaires et attachées haut sur la tête. Elles se replient à leur moitié ou à leur quart, vers l'avant ou le côté. Elles peuvent être pliées sur elles-mêmes dans deux directions ; ce type de positionnement est appelé oreilles en rose. Les oreilles ne doivent en aucun cas être dressées ou pendantes comme sur certains chiens de chasse. Le standard ASCA (Australian Shepherd Club of

America) donne quelques précisions sur la forme et la longueur. Le bout doit être arrondi et la longueur correcte de l'oreille permet à sa pointe d'atteindre le coin intérieur de l'œil du côté concerné.

> Yeux

Ils ne doivent être ni saillants, ni enfoncés, bien protégés par les arcades sus-orbitaires dans les paupières légèrement allongées, en forme d'amande. On peut rencontrer des aussies avec deux yeux marron ou ambre, deux yeux bleus, ou un de chaque couleur (vairon). On peut aussi rencontrer des yeux de plusieurs couleurs (hétérochrome), par exemple présence de bleu dans un œil marron. Toutes ces couleurs ou variations de couleurs sont admises, peut importe la couleur de la robe, ainsi que les mouchetures et les marbrures.

Ils devront être entourés de poils colorés, ce qui implique qu'ils seront forcément pigmentés. Si une absence de pigmentation était présente sur le pourtour des paupières, il s'agirait d'une anomalie sanctionable. La couleur de la pigmentation des paupières (ainsi que celle des babines, de la truffe et des muqueuses) doit être en harmonie avec la robe, c'est-à-dire noire pour les chiens noirs (uni, bi, tri) ainsi que les bleu merle, et foie (marron) pour les sujets rouges (uni, bi, tri) ainsi que les rouge merle. L'iris doit être totalement coloré.

> Mâchoires et dents

Les mâchoires de l'aussie sont garnies de quarante-deux dents (20 en haut, 22 en bas) :

Les couleurs du berger australien

La grande variété de couleurs rencontrée chez le berger australien est une des particularités de la race. Toute personne qui s'intéresse à cette race se doit de les connaître ainsi que la manière dont elles se transmettent. Il existe quatre couleurs principales : le noir, le rouge, le bleu merle, le rouge merle. Les deux premières sont appelées des couleurs solides.

Chacune de ces quatre couleurs peut être accompagnée de :

– blanc, ce qui dans ce cas donne des sujets bicolores ;

– de marque cuivre, ce qui dans ce cas donne des sujets couleur (noir, rouge, bleu merle, rouge merle) et feu ;

– de blanc et de cuivre, ce qui dans ce cas donne des sujets tricolores.

La couleur de base d'un sujet bleu merle est le noir (modifié par le gène merle).

La couleur de base d'un sujet rouge merle est le rouge (modifié par le gène merle).

douze incisives (6/6), quatre canines (2/2), seize prémolaires (ou précarnassières PC) (8/8), dix molaires (4/6). Elles doivent être fortes et blanches.

L'articulé des mâchoires peut avoir quatre définitions différentes :

• Les mâchoires en ciseau

Dans cette situation, les mâchoires supérieures et inférieures ont une égale longueur et les incisives supérieures recouvrent légèrement les incisives inférieures. C'est l'articulé idéal de l'aussie. Mis à part les mâchoires en pince, les autres positionnements (prognathisme supérieur de plus de 3 mm ou prognathisme inférieur) sont des cas de non-confirmation.

• Les mâchoires en pince

Comme pour le ciseau, les mâchoires en pinces sont d'égale longueur, mais dans ce cas aucun recouvrement des incisives n'a lieu, elles entrent en contact par leurs extrémités.

• Les mâchoires bégües ou prognathisme supérieur

La mâchoire supérieure est plus longue que la mâchoire inférieure. Cette situation peut être accompagnée dans les cas graves, d'une atrophie de la mâchoire inférieure. Chez le berger australien, un décalage d'un maximum de 3 mm est toléré.

• Les mâchoires grignardes ou prognathisme inférieur

Dans ce cas, c'est la mâchoire inférieure qui est plus longue que la mâchoire supérieure.

> Avant-main

Vues de face, les deux pattes avant de l'aussie doivent être bien droites et parallèles, les pieds ne doivent être ni tournés vers l'extérieur, ni vers l'intérieur. Ce sont les aplombs. L'articulation du coude doit être bien plaquée à la cage thoracique. L'ensemble des membres antérieurs est composé de l'omoplate et de l'humérus (dont la pointe inférieure est le coude), l'association de ces deux segments osseux forme l'épaule. Vient ensuite le radius, et l'ulna, puis le carpe et les métacarpes (dont les extrémités forment les phalanges).

Vus de côté, tous ces éléments doivent être construits en répondant à certaines valeurs

géométriques, ce sont les angulations avant (voir descriptif de l'avant-main).

Le pied doit être ovale, compact, les doigts serrés et bien cambrés, les coussinets épais et élastiques, ceci afin de garantir à l'aussie des impulsions toniques et précises.

> Corps

La cage thoracique doit être bien développée, elle doit être plus ovoïde que cylindrique. Son point le plus bas (sternum) doit se situer au niveau d'une ligne rejoignant les deux coudes. La ligne de dessous est modérément relevée (le sujet ne doit pas être levretté).

> Arrière-main

Vues de derrière, les pattes arrière de l'aussie doivent être parfaitement droites (aplombs arrière). Les pieds et les pointes de jarret ne doivent être tournés ni vers l'extérieur, ni vers l'intérieur (dans ce cas l'aussie est qualifié de panard). L'ensemble des membres postérieurs de l'aussie est composé: du bassin, du fémur, du tibia, du péroné, du tarse et des métatarses (dont l'extrémité forme les phalanges). L'équivalent du coude pour les postérieurs est appelé: grasset, il doit être nettement dessiné. Vus de côté, tous ces éléments doivent être construits en répondant à des valeurs géométriques, ce sont les angulations arrière. Elles doivent répondre au même principe que les angulations avant. La largeur de l'arrière-main est égale à celle de l'avant-main.

> Queue

Le standard précise qu'elle doit être droite, courte ou écourtée, elle ne doit pas dépasser 10 cm de longueur. Mais les nouvelles réglementations en matière de caudectomie, incitent certains éleveurs qui souhaitent exposer ou vendre leurs chiens dans des pays ou la présence de chiens à queue écourtée est interdite, à ne plus pratiquer cette opération. Malgré cela, le berger australien se caractérise par des longueurs de queue qui peuvent être variables suivant les chiots à la naissance. Il est possible de trouver parmi les portées de chiots des sujets avec une absence totale de queue (anoure), d'autres avec seulement de 2 à 4 vertèbres (petite queue naturelle dite bob), ou encore un quart de queue, une demi-queue, ou une queue longue. Il faudra alors justifier auprès des autorités du pays concerné, avec un certificat vétérinaire à l'appui, que la queue n'a pas été écourtée, mais qu'elle était courte de naissance. Il revient au pays détenteur du standard (en l'occurrence les États-Unis) de modifier le texte. À notre connaissance, ce n'est pas encore à l'ordre du jour, et tant que la caudectomie sera autorisée aux États-Unis, il y a peu de chance que les choses évoluent.

Cet appendice caudal sera à l'avenir un point supplémentaire à décrire et à sélectionner. Les juges ont pour l'instant la consigne de faire abstraction de la queue dans leurs commentaires.

> Robe

Le pelage de l'aussie ne doit pas être trop long, mais suffisamment épais pour le protéger des intempéries et du soleil. La texture doit être moyenne (ni trop rêche, ni trop douce), le poil doit être droit à ondulé. Il existe quatre couleurs principales : le noir, le rouge, le bleu merle, le rouge merle, toutes avec ou sans marques blanches, et avec ou sans marques feu. Ce qui au final correspond à seize combinaisons de couleurs. Les marques blanches sont admises sur le cou en collier partiel ou total, mais ne doivent pas s'étendre vers l'arrière, au-delà du garrot. Le blanc ne doit pas dominer en tête, il est admis sur le chanfrein et il peut former une liste qui rejoint le crâne. Le pourtour des yeux doit être totalement coloré, de même que les bords extérieurs des oreilles (précision de l'ASCA). Sur la partie inférieure du corps, le blanc ne doit pas remonter au-delà d'une ligne horizontale qui passe par un point situé 10 cm au-dessus de la pointe du coude. Le blanc peut être présent sur la poitrine et les pattes.

> Allures

Trois allures caractérisent le déplacement de l'aussie : la marche, le trot, le galop.

Nous décrirons principalement la seconde qui correspond à l'allure qui permet de travailler de manière endurante, et qui est celle la plus fréquemment jugée en exposition.

Le trot est l'allure à laquelle l'aussie est le plus efficace et pendant laquelle il dépense peu

d'énergie ; c'est l'allure de travail et des grandes promenades, elle garantit à l'aussie une grande endurance. Cette allure bien connue se caractérise par le déplacement simultané de la patte avant et de la patte arrière diagonalement opposées, en alternance pour chaque côté. Mais ce qui différencie l'allure de l'aussie en mouvement par rapport à d'autres chiens de berger, c'est la convergence de ses membres en direction de l'axe médian, ceci dès que le rythme s'accélère. Le berger australien doit au trop soutenu, vu de face ou de derrières, avoir les membres qui forment un V. Malheureusement, cette caractéristique est encore trop souvent pénalisée, étant alors perçu comme des allures « qui serrent ».

On caractérise le mouvement du berger australien comme étant doux, libre, facile, agile, équilibré et couvrant du terrain. Le dos doit rester ferme et de niveau. C'est une allure rasante, le berger australien abaisse son centre de gravité, sans plonger vers l'avant, ni s'abaisser sur la croupe tout en s'allongeant au maximum.

> Caractère

L'aussie doit être stable, actif et intelligent mais il peut être réservé avec les étrangers (on ne doit pas le pénaliser pour autant). Il faut toujours l'approcher de face ou de trois quarts, lentement mais sans hésiter. Les sujets craintifs ou agressifs doivent être pénalisés.

Les points de non-confirmation

En plus du standard, la Société centrale canine a demandé à chaque association spécialisée de race d'éditer une liste de points de non-confirmation. La confirmation est un examen que doit passer tout chien inscrit au Livre des origines français (LOF) pour obtenir son inscription définitive. Seuls les juges et les experts confirmateurs sont habilités à vérifier si un chien répond bien aux critères de la race et s'il peut être autorisé à reproduire des chiots qui seront inscrits au LOF.

Cette liste des points de non-confirmation devrait très prochainement être modifiée par l'association spécialisée de race et la SCC en ce qui concerne la queue. Les queues longues ne devraient plus être sanctionnées. C'est déjà le cas en pratique, reste au texte à se mettre en harmonie.

> Type général

Manque de type (insuffisance de caractères ethniques, qui fait que l'animal dans son ensemble ne ressemble plus suffisamment à ses congénères de la même race), taille au garrot en dehors des limites prévues par le standard (de 51 à 58 cm pour les mâles, de 46 à 53 cm pour les femelles), proportions non conformes au standard.

> Points particuliers dans le type

Défaut de construction grave, oreilles pendantes ou totalement dressées, queue de plus de 10 cm, texture de poil non conforme ou manque de sous-poil.

> Robe

Couleur non conforme au standard, plus de 25 % de ladre sur la truffe pour les sujets merle, ladre sur les paupières, couleur des muqueuses non conforme avec celle de la robe, taches blanches ailleurs qu'aux endroits précisés par le standard, yeux non complètement entourés de couleur.

> Anomalies

Iris incomplet, prognathisme supérieur de plus de 3 mm ou prognathisme inférieur, manque d'une incisive ou d'une canine, manque de plus d'une prémolaire (autre que la première prémolaire), monorchidie ou cryptorchidie.

Le caractère du berger australien

Le berger australien est très apprécié étant donné ses nombreuses utilisations et qualités. C'est un excellent chien de travail et un agréable chien de compagnie qui s'adaptera très facilement à la vie familiale et partagera tous vos moments sportifs.

Un chien plein d'énergie

Il est très proche de son maître et de sa famille, et pour son bien-être il faut lui consacrer beaucoup de temps. Ce n'est pas un chien qu'on laisse seul trop longtemps dans un appartement, ni au fond du jardin dans une niche. Il serait malheureux et ne manquerait pas de vous le montrer notamment en détruisant tout autour de lui. Il est plein d'énergie et doit régulièrement se dépenser. Si vous travaillez toute la journée, si vous êtes pantouflard et n'aimez pas les chiens trop collants, n'achetez surtout pas un berger australien.

Un chien de berger

Sa beauté, son intelligence et sa gentillesse ne doivent pas faire oublier que l'aussie est avant tout un chien de berger qui ne doit pas rester inactif. Vous n'avez probablement pas de troupeau de bovins à votre disposition, il vous faudra alors substituer son travail d'origine par une autre discipline. Heureusement plusieurs

possibilités existent à travers les sports canins ; agility, obédience, canicross… Ces disciplines éducatives et sportives combleront votre compagnon. Elles se pratiquent avec le maître ou sa famille et permettent de lui assurer une parfaite forme physique et psychique. Son endurance lui permettra de vous accompagner l'été en randonnée ou à vélo, ou encore l'hiver en raquettes ou à ski.

Un chien intelligent et volontaire

Il est un peu réservé au premier contact avec les étrangers mais pas peureux, puis par la suite, un peu collant. Son caractère est affirmé, c'est pourquoi il ne faut pas commettre d'erreur dans son éducation qui doit être fondée sur le respect et la fermeté, jamais de brutalité. Elle ne doit pas être négligée. Il doit comprendre dès le départ quelle est sa place dans la hiérarchie. Son intelligence lui permet de bien assimiler les ordres qu'on lui demande, il est dévoué et son plus grand plaisir sera de vous apporter satisfaction, notamment lors de la pratique de disciplines sportives ou tout simplement lors de séances d'éducation ou de jeu.

C'est un excellent compagnon, protecteur et joueur, pour les enfants qui sauront le respecter

Avec les autres animaux, le contact ne pose aucun problème ; il n'est pas bagarreur et cohabitera volontiers avec un autre chien ou même un chat.

Activités, sports et utilisation

À l'origine, le berger australien était sélectionné par les bergers uniquement pour ses compétences à surveiller et à conduire les troupeaux. Aujourd'hui, il séduit non seulement les

bergers, mais aussi les citadins. Son endurance et son caractère volontaire font qu'il se distingue dans de nombreuses disciplines sportives et familiales.

> Le travail sur troupeau

C'est la vocation première de la race. Il conduit tout aussi bien les oies que les moutons ou les bovins, voire les troupeaux de bisons américains.

Les concours de chiens de berger exigent une très grande obéissance et une complicité parfaite entre le chien et son maître. En France, Isabelle et Bernard Rougetet dont l'affixe est « Les compagnons du berger » font partie des plus fervents défenseurs de l'aussie au travail. Ils l'utilisent au quotidien et, en important des États-Unis des sujets issus des plus grandes lignées de travail, contribuent à la sélection, à la promotion et au maintien des aptitudes originelles de l'aussie.

> L'agility

Un parcours d'agility est une course d'adresse dont les difficultés en sont plus ou moins complexes. Il a pour but de faire passer les obstacles dans un certain ordre et dans un certain temps. Le chien n'est pas tenu en laisse et évolue librement. Le berger australien est agile, souple, endurant et rapide, et c'est sans difficultés qu'il excelle dans ce sport. Une bonne harmonie et une totale confiance entre maître et chien sont toute fois, nécessaires.

Nous pouvons voir en cette discipline une manière d'éduquer le chien. Par une multitude d'exercices, il apprend à se maîtriser, et avant tout acquiert les bases élémentaires de l'éducation. C'est un excellent exercice d'obéissance et très bénéfique pour son équilibre physique et psychologique.

Nous pouvons considérer l'agility comme un jeu créatif et sportif, excellent sur tous les plans pour le maître et son compagnon.

> Le canicross

Cette discipline s'adresse à des maîtres un minimum sportifs. Elle a pour but de rassembler bon nombre de propriétaires de chiens de toutes races, y compris les bâtards, pourvu qu'ils soient tatoués et vaccinés. Matériellement, un collier (non étrangleur) et une laisse suffisent pour le chien, et une bonne paire de chaussures de course pour le maître. Et dans une ambiance généralement très amicale, bergers australiens, caniches ou autres huskies prennent le départ d'un itinéraire naturel aux contraintes variables. Le chien est tenu en laisse, souvent attachée à la ceinture de son maître, et tous deux parcourent leur distance au pas de course dans un milieu naturel balisé. Cette discipline peut se pratiquer en professionnel ou en amateur.

> L'obédience

Cette discipline d'origine britannique est presque inconnue en France. Elle y a pourtant été reconnue en 1993 et a été appelée « obéissance ». D'une approche moins sportive que l'agility ou le canicross, elle est plutôt tournée vers le comportement du chien et son éducation. Elle permet d'apprendre au chien certains ordres principaux tels que la marche, avec ou sans laisse, la marche au pied, le assis, le couché, le rappel, le rapport d'objets.

> Le fly-ball

Cette discipline est encore peu développée en France. Elle nécessite rapidité et agilité. Ce sport se pratique par équipe. Le chien franchit une succession d'obstacles, déclenche le mécanisme d'un dispositif qui éjecte une balle, rapporte cette dernière à son conducteur en parcourant le trajet inverse.

> Le frisbee

C'est une discipline athlétique pour le chien (il faut sauter) qu'il est possible de pratiquer chez soi mais qui requiert une certaine agilité et

sportivité de la part du maître. Ce dernier lance un disque de plastique dans un certain périmètre, au chien de l'attraper et de le rapporter, le tout avec style et dans un temps chronométré.

> Le pistage

Le flair et la persévérance du berger australien en font un excellent pisteur. Dans ce cas, sa mission consiste à détecter une ou plusieurs personnes, à partir d'objets perdus ou cachés sur un certain tracé.

> Autres utilisations du berger australien

Le berger australien se distingue dans bien d'autres domaines, le cavage par exemple. Dans cette discipline, le rôle du chien est de mener son maître à la truffe.

Par ses qualités olfactives, sa taille moyenne et son agilité, l'aussie est utilisé dans la recherche de personnes disparues, notamment comme chien de décombres.

Les services des douanes et de la police l'emploient aussi comme chien de recherche, telles les drogues ou les armes à feu.

Il peut encore devenir chien guide d'aveugles, pour lesquels il modère ses ardeurs et se dévoue pleinement à son maître, ou encore chien d'assistance pour personnes handicapées.

Où et comment acheter un berger australien

L'acquisition d'un chiot berger australien ne doit pas se faire sur un coup de tête et la décision doit être mûrement réfléchie. Renseignez-vous sur la race et assurez-vous que le choix du berger australien correspond bien à vos attentes. Votre nouveau compagnon partagera votre vie pendant plusieurs années. Il y aura des joies, des peines peut-être, des avantages et des contraintes. Tous les éléments doivent être pris en compte avant la décision finale, décision qui doit être commune à tous les membres de la famille.

> Démarches à suivre pour faire le choix du bon éleveur

Le marché du chien est très vaste, la vigilance est de mise pour trouver le vendeur adéquat, d'autant plus que les naissances de berger australien ne font que croître.

Il y a les éleveurs passionnés qui sélectionnent et qui œuvrent pour le bien-être et l'amélioration de la race. Ceux-ci vendent des chiots de qualité en bonne santé et bien équilibré, et assurent les conseils et le suivi de votre futur compagnon. Les autres suivent les modes et produisent parfois dans des conditions sanitaires plus ou moins correctes. Sachez qu'un éleveur sérieux ne passe pas par le biais d'une animalerie pour vendre ses chiots.

Avant toute démarche, contactez la Société centrale canine qui vous adressera une liste d'éleveurs avec les portées disponibles ou à venir. Le club de race vous informera également sur les éleveurs sérieux et vous transmettra leurs noms et adresses. Si vous en avez la possibilité effectuez des recherches *via* Internet, sans oublier les magazines spécialisés qui regorgent de petites annonces. Par ailleurs, déchiffrer ces dernières n'est pas toujours facile. Que ce soit une annonce de particulier, d'éleveur amateur ou de professionnel, certaines indications doivent être mentionnées, notamment le numéro de SIRET ou le numéro de tatouage de la mère des chiots, s'ils sont inscrits au LOF ou non, ou s'ils sont de type ou de genre, leur date de naissance et le nombre de chiots.

Prendre son temps et multiplier les contacts sont deux règles fondamentales pour effectuer le bon choix au bon endroit.

Avant de vous déplacer pour visiter différents élevages, une première approche téléphonique peut s'avérer intéressante et une prise de rendez-vous peut être envisagée et confirmée.

Les rencontres dans les expositions canines vous permettront d'établir des contacts un peu plus directs. N'omettez pas les échanges par courrier électronique.

Notez éventuellement vos premières impressions et faites un premier tri.

L'éleveur sérieux aura cœur de vous rencontrer pour vous informer et vous conseiller.

N'hésitez pas en voir plusieurs, à parcourir de nombreux kilomètres et à patienter si aucun chiot n'est disponible car un achat express de proximité n'est pas toujours positif. Et, évidemment, refusez toute proposition d'expédition postale.

> Visite de l'élevage

Les reproducteurs doivent être visibles, sauf éventuellement pour les mâles qui ne sont pas toujours les étalons de l'élevage. L'éleveur vous invitera à visiter ses locaux et ses installations. Vous pourrez apprécier ou non les conditions dans lesquelles évoluent chiots et adultes. Soyez curieux et posez des questions, sur les parents mais aussi sur votre futur chiot (choix du sexe, couleur de robe, éducation, conseils pratiques...). Si vous n'avez pas une bonne impression, n'insistez pas et allez voir ailleurs. Il est important qu'un climat de confiance s'installe entre l'acquéreur et le vendeur.

Vous avez trouvé le bon éleveur et le chiot de vos rêves n'est pas disponible, alors réservez en un (attention, lors de la réservation, le vendeur peut vous demander des arrhes ou un acompte). Soyez patient, les futurs échanges et la complicité entre vous et votre berger australien n'en seront que meilleurs.

Bien vivre avec son berger australien

L'ÉDUCATION DU BERGER AUSTRALIEN

Vous êtes l'heureux propriétaire d'une belle petite boule de poils. Il faut maintenant poursuivre le travail de l'éleveur et commencer son éducation sans tarder. Ne vous laissez pas mener par le bout du nez ! La fermeté est de rigueur, mais pas la brutalité. Bien prendre en main l'éducation de votre nouveau compagnon est primordial.

À l'âge adulte, vous devrez être capable de contrôler votre chien, quelle que soit la situation. Le berger australien est intelligent et comprendra vite ce que vous attendez de lui.

Un chiot ne s'acquiert pas avant l'âge minimal de 2 mois. S'il est retiré trop tôt à sa mère, il développera probablement des troubles du comportement. L'éducation doit commencer par l'apprentissage de la propreté puis elle se poursuivra par le savoir-vivre et la socialisation. Votre compagnon ne manquera pas de vous tester, apprenez à ne pas céder et soyez ferme.

Si la famille comporte plusieurs membres, tous devront utiliser le même langage pour donner les ordres, des mots courts et simples de préférence.

L'intonation de la voix et vos attitudes suffisent pour que votre chiot comprenne s'il fait bien ou mal.

Les étapes de la vie du chiot

On peut distinguer trois étapes principales de la vie du chiot.

> La phase néonatale

Elle débute à la naissance du chiot et dure 2 semaines environ. Le chiot dépend alors entièrement de sa mère qui le nourrit et stimule ses fonctions pour uriner et déféquer. Les deux seuls sens dont il dispose sont le toucher et l'odorat. En dehors des tétées, il dort.

> La période de transition

Cette seconde étape, du quinzième au vingt et unième jour, est celle du développement des

sens. La vue du chiot s'améliore, il se déplace mieux et commence à exercer ses sens : le goût, l'ouïe et l'odorat.

> La période de conscience et de socialisation

La troisième étape, du vingt-deuxième jour à la fin de l'adolescence, est une période où le chiot acquiert différents comportements. Il découvre le jeu avec ses frères et sœurs. Son caractère s'affirme, il est dominant ou dominé. Les contacts humains doivent être privilégiés pour instaurer un bon équilibre psychologique et un climat de confiance entre l'homme et le chiot.

L'accueil du chiot à la maison

> Le trajet en voiture

Pour que le trajet de l'élevage à la maison se passe au mieux, il est bien que quelqu'un vous accompagne, le passager pourra ainsi veiller sur le chiot pendant que vous conduirez. Ce voyage se doit d'être le plus rassurant possible. L'éleveur aura sûrement pris soin de ne pas trop le nourrir les heures précédant son départ. Munissez-vous d'une petite couverture, de papier absorbant, d'une gamelle, d'une bouteille d'eau, d'une laisse et d'un collier adaptés à sa taille. Durant le trajet, arrêtez-vous régulièrement, choisissez un endroit calme, faites le boire, laissez-le se dégourdir les pattes et faire ses besoins. Si aucune personne ne peut vous accompagner, prévoyez une caisse de transport.

> L'arrivée à la maison

Faites faire le tour du propriétaire à votre chiot avant de le laisser entrer dans la maison et laissez-le se soulager. Faites-lui visiter les lieux à son gré sous votre surveillance. À l'intérieur, il doit avoir son coin à lui, un lieu pour dormir et un autre pour manger. N'achetez surtout pas de corbeille en osier car votre chiot risque de l'utiliser pour se faire les dents et non pour y dormir. Optez éventuellement pour une corbeille en plastique et une petite couverture facile d'entretien. Son coin doit être tranquille, éclairé et aéré, à l'abri des va-et-vient et des courants d'air. Les premiers jours il est nécessaire de limiter son territoire et ce jusqu'à ce qu'il soit propre pour lui laisser libre accès à plus d'espace ensuite.

> Le nourrir

Il vous faut deux écuelles : l'une pour l'eau, l'autre pour la nourriture. Son alimentation ne devra pas immédiatement être modifiée. L'éleveur vous aura probablement remis un peu de sa nourriture habituelle pour quelques jours, le temps que vous puissiez vous approvisionner. Si plus tard, vous décidez de nourrir différemment votre chiot, faites le progressivement sur une période d'une dizaine de jours. Mais les premiers repas à la maison (trois par jour à l'âge de 2 mois) doivent être identiques à ceux dont il avait l'habitude.

> La place des enfants

Si vous avez des enfants, vous aurez pris soin, avant l'arrivée du chiot, de leur donner quelques consignes. Un animal (quel qu'il soit) n'est pas une peluche et doit être respecté : petit, il dort beaucoup et ne doit pas être toujours dérangé pour jouer. Les premiers jours d'adaptation à un nouvel environnement sont difficiles pour le chiot alors demandez à vos enfants de ne pas crier. On évitera aussi d'inviter toute la famille ou tous les voisins pour faire une fête bruyante qui perturberait la première journée de votre chiot à la maison.

> Le coucher

La première nuit sera sûrement un peu difficile pour votre chiot comme pour vous. Ne le faites pas dormir dans votre chambre mais installez-le dans la pièce que vous aurez aménagée à cet effet. Il sera probablement un peu perdu. Ne cédez surtout pas à ses gémissements mais attendez qu'il se calme et qu'il s'endorme. S'il pleure, ne le grondez pas car cela ne ferait qu'accroître ses angoisses. Vous pouvez éventuellement lui laisser un réveil avec un bon vieux tic-tac qui apaisera un peu ses craintes, et la journée, si vous vous absentez, mettez-lui la radio ; cette présence aura pour effet de le rassurer.

Attention aux dangers de la maison, certains peuvent lui être fatals : fils électriques, plantes toxiques, petits jouets des enfants qu'il peut avaler, etc.

La première éducation

> À table

À table, ne lui donnez rien à manger. S'il vous regarde et fait les yeux doux, restez indifférent et s'il insiste, repoussez-le et dites le « NON » d'interdiction ; il comprendra très vite.

Évitez à votre berger australien les montées et descentes d'escaliers trop nombreuses. Au besoin, et tant qu'il est chiot, portez-le. Pour cela, ne le soulevez pas par les pattes avant. Placez une main sous sa poitrine et l'autre sous sa croupe et soulevez-le. Ou alors portez-le comme un paquet, entourez-le de vos bras et soulevez-le.

> Les sorties

Ses premières sorties doivent être fréquentes mais courtes. Ne forcez pas sur l'exercice, trop d'efforts nuiraient à la bonne construction de son squelette. Laissez-le se dépenser selon ses

Avec les autres animaux

La cohabitation avec les autres animaux ne pose aucun problème. Le berger australien s'entend tout aussi bien avec un gros chien qu'avec un petit ou encore un chat. Dans le milieu familial, chacun trouvera sa place dans la hiérarchie, le maître restant le principal dominant. À l'extérieur et lors de rencontres avec des chiens étrangers, il restera neutre ou bien voudra jouer. Le berger australien n'a pas un tempérament de bagarreur et ne se jettera pas sur le premier venu pour se battre contrairement à certains chiens à fort caractère.

besoins. Emmenez le partout avec vous ; toutes les expériences vécues sont bonnes dans la mesure où elles se déroulent dans un climat de confiance. Cependant, évitez qu'il ne renifle les urines ou les excréments d'autres chiens.

Habituez-le rapidement au collier et à la laisse, cette dernière doit être solide (cuir ou Nylon). Le collier ne doit pas représenter un achat onéreux car le chiot grandit vite, et selon le modèle, deux colliers de taille différente seront nécessaires. Pour l'apprentissage du collier et de la laisse, procédez avec douceur, par petites séances. Au début il ne voudra pas avancer, il s'assoira, mordillera la laisse ou se grattera. Ne le brusquez pas. Ne tirez pas sur la laisse avec force pour le faire avancer. Commencez dans un lieu calme et rassurant et récompensez-le dès qu'il le mérite.

> Les jouets

Certains chiots font des bêtises, d'autres pas. Votre berger australien doit avoir un jouet à lui, à mordiller. S'il n'a rien il choisira peut-être l'un de vos meubles pour se faire les dents. Offrez-lui par exemple un os en peau de buffle (que vous trouverez dans presque tous les supermarchés). Si malgré tout, il ronge les pieds de votre table, vous pouvez mettre quelques gouttes d'essence de citronnelle (produit peu onéreux vendu en pharmacie) sur ces endroits-là, ce qui le dissuadera. Ne l'habituez pas à jouer avec une vieille chaussure, car s'il en a l'occasion, il ne fera pas la différence entre

une chaussure neuve et celle avec laquelle vous l'avez habitué à jouer. Attention à certains jouets non adaptés pour le chien : petits objets, balles de petite taille, etc., que votre chiot pourrait avaler.

L'apprentissage de la propreté

Apprendre la propreté à votre chiot est une priorité, pour son bien-être comme pour le vôtre.

Dès la sixième semaine, le chiot choisit son coin « pipi ». Mettez un journal dans ce coin qui deviendra le lieu où il doit faire puis, petit à petit, déplacez le journal vers la porte donnant sur l'extérieur, le chiot comprendra qu'il doit faire ses besoins dehors et se dirigera vers la porte pour demander à sortir. La méthode du journal est fréquemment utilisée dans les élevages dès le premier mois du chiot ; elle est efficace en cas de besoins pressants, mais il faut éviter de l'utiliser trop longtemps. Généralement le chiot fait ses besoins au réveil et à la fin de ses repas. Sortez-le régulièrement et le plus souvent possible. S'il tourne en rond ou s'accroupit, emmenez-le vite dehors, au jardin ou dans le caniveau, selon votre situation. Ne manquez pas de le féliciter s'il fait ses besoins à l'endroit voulu, de préférence toujours au même endroit. Prenez les devants, n'attendez pas qu'il fasse à l'intérieur. Cependant les accidents sont inévitables car le tout jeune chien a besoin de se soulager très souvent. S'il s'est laissé aller dans votre appartement pendant votre absence, ne le punissez pas à votre retour, mais sortez-le et nettoyez hors de sa présence. Il ne comprendrait pas la punition car vous devez le prendre sur le fait pour le réprimander. Soyez attentif et vous verrez que l'acquisition de la propreté se fera rapidement.

Lorsque vous sortez dans des lieux publics avec votre chien, n'oubliez pas de glisser dans votre poche un petit sac plastique et faites preuve d'un peu de civisme. Si votre « toutou » ne peut pas se retenir, ayez la délicatesse de ramasser. Ce simple geste permet d'éviter bien des désagréments pour vous-même et pour les autres. Respectez aussi les endroits interdits aux chiens, tels les parcs publics et les jardins d'enfants.

Les premiers ordres

Vous pouvez transmettre des ordres à votre chiot par la parole, par les gestes ou bien les deux.

La laisse et le collier permettent de maîtriser le chien tant qu'il n'obéit pas complètement.

La récompense est indispensable lorsqu'il répond correctement à votre ordre, que ce soit par des caresses ou des friandises. Dans le cas inverse, restez neutre ou indifférent. Soyez patient et enseignez-lui un ordre à la fois. Les séances d'éducation ne doivent pas durer trop longtemps, environ un quart d'heure, mais elles doivent être répétées et régulières. Elles doivent se dérouler dans un endroit calme. Ne passez d'un exercice à un autre que lorsque le précédent a été parfaitement assimilé.

> La marche au pied

Marchez en ligne droite, le chien de préférence à votre gauche (il doit en tout cas toujours être du même côté) et d'une voix ferme, dites-lui « Médor, au pied. » Il ne doit partir ni trop à l'avant, ni trop à l'arrière de votre jambe. Sa tête ne doit pas dépasser votre genou. Ne le laissez pas jouer avec sa laisse, comme tout jeune chien est tenté de le faire. Utilisez pour cet exercice une laisse courte. S'il part un peu trop en avant, tirez d'un coup sec sur la laisse et redites-lui « au pied ».

> Le rappel

Mettez-lui le collier et attachez à ce dernier une longue laisse ou corde (l'idéal est une laisse à enrouleur). Laissez aller votre chiot quelques mètres devant vous, puis appelez-le par son nom suivi de « au pied » et ramenez-le à vous doucement. Félicitez-le. À force d'exercice, votre chiot exécutera l'ordre sans laisse. Dans le cas où il ne reviendrait pas tout de suite au pied, ne le réprimandez pas, sinon il assimilera le retour à une punition. Restez simplement indifférent et lorsqu'il se décide à vous rejoindre au pied, récompensez-le.

> Le « Assis »

Mettez votre main sur le bas de son dos et appuyez doucement, mais fermement en lui disant « assis ». C'est un des exercices qu'un chiot assimile le mieux et, très vite, il l'effectuera sans laisse et sans que vous ne le touchiez.

> Le « Couché »

Faites d'abord asseoir votre chien, puis montrez-lui la position couchée, en lui tirant doucement les pattes avant. N'oubliez pas de joindre le geste à la parole.

Par la suite, vous pourrez faire travailler votre compagnon dans d'autres lieux, en ville par exemple, afin que quel que soit l'endroit où il se trouve, il sache qu'il doit répondre à vos ordres.

Ces premiers exercices constituent les bases de l'obéissance. Lorsque votre berger australien les connaîtra parfaitement, vous pourrez passer à d'autres notions d'éducation moins primordiales comme « rapporte » ou « pas bouger ».

> Le clicker

Le clicker est une toute petite boîte rectangulaire sur laquelle on appuie et qui émet un son (click). Pour l'éducation, on l'associe à des friandises. Le maître donne un ordre à son chien, il « clicke » et lui remet une récompense s'il a exécuté son ordre. L'éducation au clicker, basée sur le jeu, est très efficace.

> La solitude

Apprendre à votre berger australien à rester seul est essentiel. Commencez par vous absenter de courts moments. Avant votre départ, soyez indifférent mais à chaque retour occupez-vous de lui, jouez, emmenez-le en promenade. Il doit être rassuré pour ne pas considérer la solitude comme une punition, mais comme une situation occasionnelle normale. Par habitude, il deviendra serein pendant vos absences.

Voyager avec son berger australien

Dès lors que l'on s'engage à prendre un chien, c'est pour la vie. Alors que ce soit pour un week-end ou des vacances votre berger australien sera heureux de vous accompagner. Il vous appartient de vous informer sur les possibilités d'acceptation des chiens sur vos lieux de déplacements.

> En voiture

La voiture étant le moyen de transport le plus utilisé, vous aurez pris soin de l'habituer dès son plus jeune âge. Le mieux est de limiter sa ration alimentaire les heures précédant le départ, on évitera ainsi les vomissements. Pour des raisons de sécurité, sa place idéale est dans une caisse de transport adaptée à sa taille et située à l'arrière du véhicule. Si vous n'en possédez pas ou si votre véhicule n'est pas assez grand pour en contenir une, vous pouvez installer une barrière entre l'arrière et l'avant de la voiture. Vous ne devez en aucun cas mettre votre chien dans un coffre fermé. Sa place doit être confortable et correctement ventilée. Sur une longue distance, faites des poses régulières, donnez-lui à boire et sortez-le pour qu'il se dégourdisse les pattes et qu'il se soulage. Ne le laissez pas mettre sa tête à la fenêtre, ce n'est bon ni pour ses yeux, ni pour ses oreilles. À l'arrêt et au soleil, ne laissez jamais votre compagnon enfermé dans la voiture, il pourrait mourir d'un coup de chaleur. Méfiez-vous aussi des vols : il arrive plus souvent qu'on ne le croit de retrouver son véhicule avec les vitres brisées et plus de chien.

> En train

Lorsque vous prendrez vos billets, n'oubliez pas de préciser que votre chien vous accompagne. Vous devrez lui acheter un titre de transport demi-tarif par rapport au prix d'un adulte. Seuls les chiens dont le poids est inférieur à 6 kg peuvent voyager dans un « sac » et à moindre coût.

Avant le départ, comme pour les voyages en voiture, vous limiterez sa ration alimentaire et vous veillerez à ce qu'il ait fait ses besoins. Dans le train, il devra être tenu en laisse et ne pas importuner les autres voyageurs.

> En avion

Le jour où vous réservez vos billets, prévenez la compagnie que votre compagnon sera du voyage.

Jusqu'à 5 kg, votre chien peut voyager avec vous dans un sac de transport (peu probable avec un berger australien). Au-delà, il devra voyager en soute dans une cage réglementaire. Mettre dans cette dernière un objet familier ou un vêtement vous appartenant peut le rassurer. Selon la longueur du vol, vous pourrez au préalable demander à votre vétérinaire un léger sédatif. Votre animal n'en sera que moins stressé. Comme dans les cas précédents, pas de gros repas pendant les heures qui précèdent le vol et une sortie « besoins » avant de le mettre dans sa cage.

Ces trois moyens de transport sont les principaux. Toutefois si vous devez voyager par bateau, renseignez-vous auprès des compagnies maritimes concernant les formalités pour votre compagnon à quatre pattes.

Dans tous les cas, munissez-vous de son carnet de santé et de son passeport si vous partez à l'étranger. Ils doivent être à jour. Si vous êtes en possession d'une femelle et qu'elle est en période chaleur, évitez les voyages. Si votre femelle est gestante, ne l'emmenez pas en déplacements.

Si vous partez dans un pays étranger, informez-vous sur la législation sanitaire du pays de destination. Certains pays exigent, en plus des certificat antirabique et certificat de bonne santé, une mise en quarantaine. Bon voyage !

La santé du berger australien

Le berger australien est un chien solide et résistant. Pour le garder en forme, vous devrez tout de même vous plier à certaines obligations et avoir connaissance de certaines conduites à tenir en cas d'urgence ou d'accident. L'alimentation, l'hygiène, l'attention que vous porterez votre chien lui permettra de rester en bonne santé.

Les vaccinations

Le chien peut être la cible de nombreuses maladies qui ont des origines virales ou bactériennes. Pour certaines d'entre elles, il n'existe pas de traitement réellement efficace, et si le chien les contracte, cela peut être mortel ou occasionner de graves séquelles. C'est pourquoi la vaccination est la meilleure méthode de prévention de ces maladies. Le chiot est immunisé jusqu'à l'âge de 7 à 8 semaines, grâce aux anticorps contenus dans le lait de la mère, à condition qu'elle-même ait été convenablement vaccinée. Ces anticorps sont transmis dans les vingt-quatre premières heures de la vie du chiot.

> Les primovaccinations

Lorsque vous avez acheté votre berger australien, vous avez pu remarquer que celui-ci avait reçu ce que l'on appelle les primovaccinations. Son carnet de santé porte un certain nombre d'indications sous forme de lettres, décrivant les maladies contre lesquelles votre chiot a reçu les premières protections. Les sigles des vaccins sont les suivants:

C = maladie de Carré

H = hépatite contagieuse (maladie de Rubarth)

L = leptospirose

P = parvovirose

R = rage

PI = parainfluenza (toux de chenil)

BAB = piroplasmose

Entre 7 et 8 semaines, votre chiot devra avoir reçu des injections pour CHP et éventuellement pour PI et vous devrez faire faire un rappel 1 mois après la date de cette première injection, lors de laquelle le vaccin L sera ajouté aux autres.

> Les rappels et autres vaccinations

Le rappel pour la leptospirose devra être pratiqué 1 mois après, accompagné de la première injection contre la rage. Pour ce qui est des vaccins CHLP, leur efficacité n'est réelle qu'après la seconde injection. La rage ne nécessite qu'une seule injection dès l'âge de 3 mois. Pour tous ces vaccins, un seul rappel annuel est nécessaire, excepté la leptospirose pour laquelle une vaccination tous les 6 mois est recommandée dans les zones contaminées. Pour être réellement efficaces, les vaccinations ne doivent être pratiquées que sur des sujets en bonne santé. Si les chiots sont vaccinés trop tôt, les anticorps transmis par la mère rendent le vaccin inopérant. Votre vétérinaire saura vous conseiller sur ce programme de vaccinations à respecter scrupuleusement.

Les maladies infectieuses

> La maladie de Carré

C'est une maladie contagieuse d'origine virale dont l'issue est souvent mortelle. La période d'incubation est de 3 à 7 jours. La contagion se fait principalement par voie nasale ou oculaire. Les symptômes sont multiples : élévation de la température, qui peut atteindre 41 °C, écoulements purulents au nez et aux yeux, graves manifestations digestives, respiratoires, cutanées et nerveuses. La guérison, quand elle a lieu, laisse malheureusement presque systématiquement des séquelles.

> La maladie de Rubarth

On l'appelle aussi hépatite contagieuse. La période d'incubation est de 3 à 6 jours. Elle se transmet par les urines. Certains de ses symptômes sont identiques à ceux de la maladie de Carré : perte d'appétit, forte température, vomissements, diarrhées sanguinolentes, déshydratation, troubles nerveux (convulsions) et perte de poids spectaculaire. À cela s'ajoute une inflammation des ganglions.

> La leptospirose

Elle est également appelée typhus du chien. C'est une maladie d'origine bactérienne. La période d'incubation est de 5 à 6 jours. Elle provoque principalement des troubles hépatiques et rénaux, et peut s'accompagner de fièvre et de diarrhées hémorragiques. Les rongeurs sont les principaux vecteurs de cette maladie. La transmission se fait au contact direct de leurs urines ou par l'intermédiaire des eaux naturelles stagnantes et contaminées que votre chien peut boire ou utiliser pour la baignade.

> La parvovirose canine

C'est une maladie relativement récente. La période d'incubation est de 3 à 4 jours. Les symptômes sont les suivants : vomissements et diarrhées hémorragiques suivis par une importante déshydratation. Le chien ne s'alimente plus, il est abattu et prostré. La maladie se transmet par voie buccale ou nasale.

> La rage

C'est une maladie infectieuse, contagieuse et transmissible à l'homme. La période d'incubation est relativement lente, de 15 à 60 jours. La rage est provoquée par un virus présent dans le système nerveux et les glandes salivaires. Elle se transmet par la salive et les morsures. L'issue est mortelle. Sous sa forme furieuse, le comportement de l'animal change brusquement, il est tantôt apathique, tantôt excité, il salive à outrance, ses aboiements deviennent rauques et enfin la paralysie se généralise. Sous sa forme paralytique, le maxillaire inférieur se tétanise, la gueule du chien se paralyse et reste entrouverte, la langue est pendante et l'animal bave.

> La leishmaniose

C'est une maladie parasitaire transmise par un insecte voisin du moustique, la femelle phlébotome porteuse d'un parasite qui se nourrit de sang à l'occasion d'une piqûre. La période d'incubation est relativement longue, de 3 à 6 mois. Les zones les plus touchées par ce fléau sont principalement les régions tropicales et méditerranéennes. Ce parasite microscopique affecte, notamment, la moelle et la rate du chien. Il s'ensuit des lésions cutanées, une perte de poils et un certain amaigrissement. La piqûre de ce petit insecte est douloureuse. À ce jour aucun vaccin n'est encore disponible. Une prise de sang permet de confirmer le diagnostic.

> La parainfluenza du chien

Plus connue sous le nom de toux de chenil, cette maladie est une trachéo-bronchite d'origine infectieuse, provoquée par plusieurs virus et bactéries. Elle est très contagieuse et se contracte principalement dans les lieux de grande concentration de chiens : expositions canines, chenils, élevages, surtout en période estivale. C'est une « grippe » du chien. Si ce dernier n'est pas soigné correctement, ses poumons sont touchés et la maladie évolue vers une pneumonie ou une broncho-pneumonie.

Les premiers symptômes : le chien a une toux sèche, qui s'exprime au travers de quintes de toux, surtout lorsqu'il se lève ou veut faire un effort. Peuvent s'ajouter des écoulements de la truffe et des yeux, un manque d'appétit et un certain abattement. Certains éleveurs vaccinent les chiots contre cette maladie.

> La piroplasmose

Cette maladie, transmise par les tiques porteuses du piroplasme *(Barbesia canis)*, s'attaque aux globules rouges du chien et les détruit. Si la maladie n'est pas traitée suffisamment tôt, des séquelles au niveau du foie et des reins sont inévitables. L'issue peut être mortelle. La période d'incubation est de deux à quatorze jours environ. La piroplasmose est plus particulièrement présente dans les régions chaudes et tempérées.

Fièvre et anémie sont les premiers symptômes et les urines de l'animal, peuvent avoir une couleur brun foncé. La vaccination est possible mais non obligatoire ni systématique ; votre vétérinaire vous la proposera si vous habitez dans une zone à risque. Elle ne sera pas réalisée en même temps que les autres vaccins. La première des deux primovaccinations ne devra pas avoir lieu avant l'âge de 6 mois, puis il y aura un rappel annuel. Ce vaccin est un peu

Comment administrer un médicament à votre chien

Pour administrer un comprimé, on peut ou le mettre en entier dans un petit morceau de fromage à pâte molle, ou bien l'écraser dans une boulette de viande, ou encore le mettre directement au fond de la gorge. On ferme la gueule du chien, tête vers le haut et la déglutition se fait immédiatement. Pour administrer un sirop ou un liquide, on peut le mélanger à de la nourriture mais si votre animal est récalcitrant, voici une autre méthode : relevez le menton du chien et tirez la babine à la commissure, puis versez le produit sur le côté ; le chien sentira le liquide et l'avalera.

Prendre la température de votre chien

En cas de doute sur l'état de santé de votre chien, le premier geste à effectuer est de prendre sa température par voie rectale. Nombre de maladies la font monter et cette indication permet de poser un premier diagnostic. La technique est simple : utilisez de préférence un thermomètre électronique et enduisez l'extrémité d'un peu de vaseline. Introduisez délicatement le thermomètre dans le sphincter anal (attention, le chien aura probablement le réflexe de s'asseoir), attendez la sonnerie et procédez à la lecture. Essuyez le thermomètre avec du papier absorbant et nettoyez-le avec de l'alcool à 90 °C. La température normale d'un chien est de 38,5 °C ; au-delà de 39 °C, consultez votre vétérinaire.

onéreux et son efficacité n'est pas garantie à 100 %, aussi vous devrez faire preuve de vigilance et connaître les symptômes de cette maladie.

La connaissance des principaux symptômes de ces maladies peut vous permettre de les diagnostiquer suffisamment tôt pour permettre la mise en place de traitements par votre vétérinaire, avec l'espoir de sauver votre animal.

Les maladies transmissibles à l'homme

Ces maladies sont aussi appelées zoonoses. En plus de la rage et de la leptospirose que nous avons déjà citées, il existe un certain nombre d'affections qui touchent le chien et que l'homme peut également contracter.

En règle générale, des mesures d'hygiène élémentaires permettent d'éviter ces transmissions.

> Les gales

Elles se transmettent du chien à l'homme par simple contact. D'origine parasitaire, elles peuvent entraîner des démangeaisons. Il est recommandé de faire établir un diagnostic par le vétérinaire dès que votre chien se gratte.

> La teigne

Transmise du chien à l'homme par simple contact, elle est d'origine parasitaire (champignons). Elle se développe le long des poils et en provoque la chute par plaques circulaires.

> L'ascaridose

Cette maladie est due à l'ingestion d'œufs d'ascaris (vers ronds). Les enfants sont les premières victimes de cette affection. Les œufs d'ascaris pouvant être présents dans les selles de chiens ou de chiots infestés, la surveillance des enfants est nécessaire afin d'éviter tout contact des uns avec les autres. La vermifugation régulière de votre chien constitue un excellent moyen de prévention.

Les maladies de peau

> La gale folliculaire

Appelée aussi démodécie, cette affection parasitaire peut apparaître chez les chiots ou chez l'adulte. Due à un acarien, elle touche principalement la tête et se caractérise par une dépilation autour des yeux et des babines, provocant des démangeaisons. Si le chien n'est pas traité correctement, cette dépilation peut s'étendre sur tout le corps.

> La gale sarcoptique

Causée par un acarien microscopique, cette maladie provoque des taches rouges et des démangeaisons très importantes et répétées du chien. Il s'ensuit des lésions très inflammées et une chute des poils Les endroits les plus sensibles sont les oreilles et les coudes.

> La gale otodectique ou gale des oreilles

C'est un parasite microscopique qui se développe sous forme d'otite aiguë, le chien se gratte violemment les oreilles, secoue la tête et des sécrétions brunâtres apparaissent dans le conduit auditif. Elle est contagieuse et se transmet d'un chien à l'autre. L'utilisation d'un antiseptique local permet la guérison.

Attention à l'ivermectine !

Cette molécule est mortelle pour le berger australien ainsi que pour les autres races de chiens porteuses du gène merle. Certains antiparasitaires en contiennent. Aussi est-il capital que le pharmacien ou le vétérinaire qui vous prescrit un produit en contrôle la composition avant toute administration à votre berger australien. Et ceci même s'il n'est pas de couleur merle.

En cas d'administration d'un médicament contenant l'ivermectine, l'animal présente d'abord des troubles neurologiques graves puis plonge dans un coma qui conduit à la mort. Il n'y a pas à ce jour d'antidote connu.

> La teigne

L'origine de cette maladie est un champignon microscopique. Elle est reconnaissable à des dépilations circulaires d'environ deux centimètres de diamètre. Le chien se gratte peu, mais il faut le traiter rapidement si l'on ne veut pas que la maladie se généralise.

> Les eczémas

Sous ce terme sont regroupées toutes les inflammations suintantes de la peau dont les causes peuvent être variées. Nous citerons, par exemple, les alimentations trop riches, les allergies (alimentaires, piqûres de puces, acariens, allergies de contact) ou encore les dérèglements hormonaux. En règle générale, si votre chien se gratte de façon importante, traitez le chien et l'environnement contre les puces, mais si les symptômes persistent, consultez votre vétérinaire.

Les vermifugations

Ces traitements sont indispensables pour éliminer les parasites internes du chien. Surtout ne pensez pas que seuls les animaux qui font les poubelles peuvent attraper des vers. Tous les chiens sont sujets à ces parasites, et les chiots voient leur santé et leur croissance fragilisées par de telles infestations. Il faut être vigilant et respecter un programme de vermifugation. L'éleveur sérieux chez qui vous avez acheté votre chiot aura déjà vermifugé la mère avant la saillie, puis pendant la gestation et enfin durant la lactation. Les chiots, quant à eux, ont été vermifugés plusieurs fois (toutes les 2 à 3 semaines) entre leur naissance et le

Le programme de vermifugation du chien

Lorsque vous prendrez possession de votre chiot, vers l'âge de 2 mois, celui-ci aura été vermifugé plusieurs fois par l'éleveur (s'il est consciencieux). Dès lors, vous devrez le vermifuger, même s'il ne vous semble pas infesté de vers, tous les mois jusqu'à 6 mois, puis tous les deux mois jusqu'à 1 an, pour enfin lui administrer un traitement deux fois par an lorsqu'il sera adulte. Vous devez prendre l'habitude d'observer les crottes de votre chien d'un peu plus près pendant les 3 ou 4 jours qui suivront l'administration d'un vermifuge. Si vous y découvrez des vers, la prochaine vermifugation devra avoir lieu 3 semaines après celle que vous venez de faire, ceci afin d'éliminer les larves avant qu'elles ne pondent à leur tour.

Le vermifuge se présente sous différentes formes : en pâte orale que l'on dépose sur la langue du chien par l'intermédiaire d'une seringue graduée, en cachet à faire avaler en une ou plusieurs prises en fonction de leur action, en pipette dont on dépose le contenu sur la peau entre les deux épaules ou en solution injectable (surtout utilisée par les vétérinaires). Si vous possédez plusieurs animaux, traitez-les tous en même temps.

moment où vous en avez pris possession. Vous devrez vous aussi continuer ce programme de vermifugation, pour le bien-être de votre compagnon et le vôtre.

> Les vers ronds

• Les ascaris

Ce sont les plus courants des parasites internes. De couleur blanche, ils mesurent de 6 à 12 cm. Les chiots peuvent en être infestés soit au stade de fœtus, soit plus tard lorsqu'ils tètent leur mère. Une infestation massive d'ascaris peut entraîner un amaigrissement, des ballonnements, éventuellement des vomissements et un retard de croissance du chiot qui ne pourrait profiter de l'alimentation qu'il ingurgite.

• Les trichures et les ankylostomes

De taille nettement inférieure aux ascaris, ces vers se nourrissent du sang du chien et provoquent un état de faiblesse et d'anémie. Le chien peut avoir des diarrhées sanguinolentes. La contamination se fait par léchage.

> Les vers plats

Le ténia est aussi connu sous le nom de ver solitaire. Les chiens sont infestés par l'intermédiaire d'autres animaux contaminés, par exemple lorsque le chien mange de la viande crue contenant des larves de ténia ou bien par des puces qui ont transité sur un autre animal infesté. On peut détecter la présence de ténia en examinant les fèces du chien : les anneaux de ténia ont l'apparence de petits grains de riz. Le chien ressent une forte irritation au niveau de l'anus qui le pousse à frotter son arrière-train sur le sol.

Les parasites externes

> Les puces

Tout chien peut attraper des puces. La puce ne reste pas en permanence sur le chien, mais y vient seulement pour se nourrir en lui prélevant un peu de sang. Si votre chien se gratte, passez en revue son pelage : si vous découvrez des petits grains noirs, ce sont peut-être des crottes de puces. Prélevez-en un peu, placez-les sur un morceau de papier blanc et déposez dessus une goutte d'eau : si le papier prend une couleur rouge, votre chien a des puces et il faut le traiter. C'est la salive de la puce qui provoque les démangeaisons. Or votre chien peut être allergique à cette substance avec pour conséquence des crises de grattage pouvant aller jusqu'au sang et des eczémas. Pour se débarrasser de ces hôtes indésirables, il faudra traiter le chien avec des produits antiparasitaires de qualité (en vente chez votre vétérinaire), mais aussi l'environnement dans lequel il vit et surtout les tapis où il dort à l'aide de produits spécifiques (à ne pas utiliser directement sur le chien).

> Les tiques

Les tiques sont communément appelées poux des bois ou ixodes. Ce parasite est un acarien hématophage qui peut rester plusieurs jours attaché par la tête sur le corps du chien. Les endroits le plus souvent choisis par la tique sont la tête, le cou et le ventre. Il est rare de trouver des tiques sur le dos ou les pattes. La tique se nourrit en suçant le sang du chien et, si elle n'est pas découverte, peut gonfler jusqu'à atteindre la taille d'une olive alors qu'au départ elle ne mesure que 2 mm. À ce stade, elle se détache et donne naissance à une multitude d'œufs qui se nourrissent à leur tour sur le chien. Il faut être très attentif aux tiques car elles peuvent inoculer au chien une maladie

grave, la piroplasmose. Celle-ci détruit les cellules rénales du chien et, si elle n'est pas détectée suffisamment tôt, les séquelles peuvent être irréversibles, parfois la mort. Toutes les tiques ne sont pas porteuses du virus qui n'est transmis au chien qu'au troisième jour après la piqûre. Il faut donc éliminer ces parasites avant cette période fatidique.

Pour éliminer les parasites, nous préconisons un coup de brosse superficiel sur tout le pelage du chien après toute promenade à risque (bois, hautes herbes). Si vous trouvez une tique qui est déjà attachée, différentes méthodes existent pour l'éliminer. Le simple fait de la tirer risque de casser la tique au ras de la tête, celle-ci restant incrustée dans la peau et pouvant provoquer une infection. Une technique consiste à écarter les poils autour de la tique et, à l'aide d'un doigt, faites la tourner sur elle-même dans le sens inverse des aiguilles d'une montre. Au bout de quelques tours (une dizaine), la tique va lâcher prise et vous pourrez l'éliminer (en la brûlant de préférence), puis désinfecter le point de la piqûre avec de l'alcool iodé. Vous pouvez également utiliser une petite pince

spécialement prévue à cet effet, en vente notamment chez votre vétérinaire.

> Les poux

Contrairement aux puces, les poux ne sautent pas, mais se promènent sur le chien. Ils se nourrissent de sang et de résidus cutanés. Leur taille est d'environ 2 mm et leur multiplication est rapide. Si votre chien se gratte et que vous trouvez sur ses poils de minuscules œufs, faites un traitement approprié, en le renouvelant trois fois de suite à 5 jours d'intervalle afin d'éliminer les poux adultes et les larves.

> Les aoûtats

Ce sont de petits parasites de couleur orangée. Ils se logent principalement sous le ventre et entraînent des démangeaisons intenses. Pour les éliminer, seul un produit antiparasitaire est efficace.

Les maladies héréditaires

> La dysplasie coxo-fémorale

Cette maladie, qui existe aussi chez l'homme, reste mal connue. Il semble que, pour qu'elle apparaisse, plusieurs facteurs aient été déterminants (affection plurifactorielle) :

– l'aspect génétique (parents porteurs ou non) ;

– l'aspect lié au milieu (alimentation, type de jeux, exercice excessif, conditions de vie) ;

– la croissance (trop rapide, chiot trop lourd, carences ou excès en vitamines, calcium ou protéines).

Cette maladie s'exprime par une malformation de l'articulation entre la tête de fémur et la cavité du bassin. Cette malformation ou cette usure prématurée provoque un mauvais contact entre les deux parties de l'articulation qui s'exprime par des douleurs et dans les cas extrêmes par des luxations. Un chien atteint de dysplasie coxo-fémorale aura de telles douleurs qu'il finira par boiter, il aura le train arrière qui « flotte » un peu et éprouvera des difficultés à se lever. Un sujet très atteint ne pourra être soulagé que par la pose chirurgicale d'une prothèse de la hanche. Un sujet moins atteint recevra des anti-inflammatoires, et il faudra adapter son exercice à cette affection (éviter les grandes courses et les sauts) tout en préservant sa musculature qui lui assurera le bon maintient de l'articulation.

Des programmes de dépistages (par radiographie) sont mis en place par les clubs de

races, afin de déterminer le nombre de sujets touchés par cette affection et de pouvoir prendre des dispositions envers des reproducteurs. Les interprétations radiographiques sont obligatoires pour l'accès aux cotations de géniteurs. La classification du niveau de dysplasie se fait en fonction de plusieurs critères: la forme de la tête fémorale, le niveau de couverture crâniale et dorsale de l'acetabulum et la coaptation entre ces deux éléments articulaires. La mesure de l'angle de Norberg Olsson donne une indication très significative. Sa valeur doit se situer à 105° et plus dans les cas d'absence de dysplasie et peut avoir une valeur inférieure à 100° s'il y a affection. Les cinq stades possibles lors d'une interprétation sont:

A = aucun signe de dysplasie
B = stade intermédiaire (transition)
C = dysplasie légère
D = dysplasie moyenne
E = dysplasie grave

> La dysplasie du coude

Le coude est une articulation qui lie l'humérus (os du bras) au radius et à l'ulna (os de l'avant-bras). La dysplasie du coude recouvre principalement quatre affections.

• La non-union du processus anconé

Dans ce cas de figure, l'ulna est plus courte que le radius. L'extrémité distale de l'humérus appuie de manière anormale sur le processus anconé. Ce dernier peut se détacher et provoquer une inflammation articulaire.

• La fragmentation du processus coronoïde médial

Le radius est plus court que l'ulna. La force exercée sur l'articulation du coude se concentre sur le processus coronoïde médial de l'ulna. S'ensuit alors une fragmentation de ce dernier, provoquant là aussi une inflammation articulaire.

• L'ostéochondrose
ou l'ostéochondrite disséquante

Elle se caractérise par un épaississement du cartilage articulaire, puis par le détachement d'un fragment de ce cartilage qui nuit au bon fonctionnement de l'articulation. S'en suit une inflammation.

• L'incongruence articulaire

En situation normale, l'incisure trochléaire de l'ulna répond parfaitement à la trochlée humérale, dans le cas contraire, l'articulation ne fonctionne plus correctement. Le cartilage articulaire subit alors une dégénérescence.

> Les tares oculaires

Le berger australien peut présenter différentes pathologies oculaires. Aussi les éleveurs consciencieux font-ils pratiquer régulièrement des examens de dépistage sur leurs reproducteurs.

• La cataracte

Elle se caractérise par l'opacification du cristallin qui empêche les rayons lumineux d'atteindre la rétine. La cécité peut être partielle ou totale. Cette maladie peut être décelée dès l'âge de 2 mois.

• L'anomalie de l'œil du colley

L'anomalie de l'œil du colley est une affection du fond d'œil. C'est une maladie choroïdienne. Des complications peuvent entraîner un décollement de rétine ou des hémorragies rétiniennes et aboutir à une cécité totale. Son dépistage est possible à partir de l'âge de 2 mois.

• L'atrophie progressive de la rétine

Cette affection est irréversible. Elle est dépistée dès l'âge de 1 an. Il en existe deux types: la forme généralisée et l'atrophie rétinienne centrale.

Les maladies du cœur ou cardiopathies

Les maladies du cœur se divisent en trois groupes:

– les cardiopathies acquises;
– les cardiopathies congénitales;
– les troubles du rythme.

> Les cardiopathies acquises

• La cardiopathie valvulaire chronique

Cette affection touche près de 60 % des sujets âgés de 9 ans et plus. Elle s'exprime par une mauvaise étanchéité des valves mitrales. On dénombre quatre stades distincts allant du léger souffle au cœur jusqu'à l'insuffisance cardiaque et à la détresse respiratoire.

• L'endocardite

Cette affection est due à une bactérie qui s'introduit dans l'organisme par une porte d'entrée (cathéters veineux de longue durée, chirurgie lourde, animaux immunodéprimés) et qui se fixe sur la membrane qui tapisse la cavité du cœur provoquant des lésions destructives.

• La cardiomyopathie

C'est une affection du muscle du cœur. Celui-ci devient de plus en plus gros, et ses parois se rétrécissent. Le cœur prend un tel volume qu'il perd ses facultés de contractilité et gêne le fonctionnement de l'appareil respiratoire. Les origines de cette pathologie sont variées, elles peuvent avoir une cause connue inflammatoire ou non, mais elles peuvent aussi survenir subitement sans raison apparente.

Les formes inflammatoires, appelées aussi myocardites, peuvent avoir comme point de départ, un choc, une infection virale comme la parvovirose, une infection bactérienne comme la boréliose ou encore une infection parasitaire comme la piroplasmose.

Les formes non inflammatoires, appelées aussi myocardoses, connaissent de nombreuses causes. Parmi celles-ci, il faut citer la réaction à certains médicaments, les troubles du métabolisme, les problèmes hormonaux (hyperthyroïdie) ou les déficits immunitaires.

• L'affection du péricarde

Cette affection de type inflammatoire ou tumoral touche la membrane qui entoure le cœur. Elle ne représente que 1 % de toutes les cardiopathies.

• Le cœur pulmonaire chronique

Cette affection est une altération de la fonction et/ou de la structure du cœur droit, causée par une hypertension pulmonaire résultant d'une affection du poumon, comme la bronchite chronique, les allergies pulmonaires, les anomalies morphologiques thoraciques…

• La dirofilariose

Cette affection est d'origine parasitaire. Le *Dirofilaria imitis* est un vers qui s'introduit dans l'organisme du chien suite à une piqûre de moustique. On trouve ce parasite dans les régions du sud de la France. Les larves adultes arrivent dans le cœur droit en 90 jours environ. Les troubles apparaissent au bout de 7 à 8 mois.

> Les cardiopathies congénitales

Ces pathologies ne représentent que 10 % environ des maladies cardiaques. Elles sont dues à des malformations gestationnelles ou à une transmission héréditaire polygénique.

• La persistance du canal artériel

C'est un défaut de construction de l'ensemble cœur-poumons qui est apparu pendant la période de gestation.

• La communication interventriculaire

C'est un défaut de construction du cœur, dans lequel une communication anormale s'établit entre les ventricules droit et gauche.

• La sténose sous aortique

C'est un rétrécissement de l'orifice de l'aorte qui se fait progressivement par la formation d'un anneau fibreux.

• La sténose pulmonaire

C'est un rétrécissement du diamètre du tractus pulmonaire.

> Les troubles du rythme

Ces troubles ne sont pas, à proprement dits, des maladies mais les résultats d'un dérèglement dont l'origine peut être très diverse. Il

peut s'agir d'une anomalie du système nerveux central, un manque d'oxygène dans le sang (problème de l'appareil respiratoire), le stress, l'anémie, une anomalie métabolique, une agression mécanique (fractures des côtes) ou encore l'absorption de substances toxiques ou de certains médicaments.

Après cet énoncé un peu rébarbatif des différentes pathologies cardiaques, il est important de savoir que certains signes externes peuvent attirer votre attention et vous inciter à consulter votre vétérinaire.

Si votre aussie paraît fatigué après un petit effort, s'il semble avoir du mal à respirer, s'il a des quintes de toux, il est préférable de consulter le vétérinaire pour une auscultation approfondie. Au besoin, il réalisera une radiographie thoracique, voire un électrocardiogramme ou une échographie pour poser le bon diagnostic.

Vous devez savoir qu'il est presque impossible de guérir d'une pathologie cardiaque. Le rôle de la thérapie consiste seulement à ralentir la progression de la maladie et à diminuer les effets du déficit respiratoire.

À titre d'information, la première mesure consiste en un repos du sujet qui peut aller de la diminution de l'exercice jusqu'à son interdiction totale (chien tenu en laisse en permanence lors des sorties). La seconde mesure passe par l'adaptation de son régime alimentaire en adoptant une alimentation pauvre en sel, composée de protéines d'excellente qualité en quantité réduite. Il a été remarqué que la carnitine donnée à très forte dose a un effet bénéfique sur l'évolution des myocardiopathies.

Les autres maladies

> L'ectopie testiculaire

L'absence d'un testicule (monorchidie) ou des deux (cryptorchidie) dans les bourses du mâle est considérée comme une maladie génétique. Elle n'empêche pas le chien de vivre normalement, mais lui interdit toute reproduction (même si le chien est tout à fait capable de procréer avec un seul testicule). Une opération peut être envisagée pour retirer le ou les testicules ectopiques, afin d'éviter une nécrose.

> Les métrites et les vaginites

Ces affections ne concernent que les femelles. Si vous découvrez des écoulements purulents au niveau de la vulve de votre chienne, il est très probable qu'ils soient les symptômes d'une de ces maladies. Votre chienne peut aussi avoir de la fièvre. Un traitement à base d'antibiotiques et de lavements locaux sera prescrit par votre vétérinaire. Une métrite mal soignée peut entraîner la stérilité.

> Les mammites

Cette maladie touche les femelles allaitantes ou qui font une montée de lait nerveuse. Une ou plusieurs mamelles sont gonflées, dures et chaudes. La chienne a mal lorsqu'on lui touche les tétines. Il faut consulter sans tarder car un état gangreneux local peut s'installer.

> Les cystites

Cette maladie est une inflammation urinaire. Assez courante chez le chien, elle se caractérise par des urines de plus en plus fréquentes et en petite quantité. Le chien a du mal à se retenir même s'il est propre. Il peut s'ensuivre une perte d'appétit et du sang peut apparaître dans les urines. Il faut consulter le vétérinaire dès l'apparition des premiers signes.

> L'herpès virose canine

Cette maladie peut entraîner l'infertilité de la femelle, des avortements ou encore la mort des chiots en bas âge. C'est une maladie discrète chez le chien adulte. La contamination se fait

essentiellement par voie vénérienne, suite à une saillie naturelle pratiquée par un étalon extérieur en cours de réactivation virale. Le virus se développe dans les muqueuses.

> La torsion d'estomac

Lorsqu'on parle de torsion d'estomac, on entend aussi la dilatation de l'estomac, car il peut y avoir dilatation, sans retournement. Les causes d'une torsion ou d'une dilatation sont multiples et plusieurs événements peuvent provoquer ce phénomène, un cas d'urgence vétérinaire. Parmi les causes reconnues de torsion, il faut citer :

– un bol alimentaire trop important ;

– des aliments secs dont le volume gonfle exagérément au contact de l'eau ;

– des aliments putréfiés qui provoque une réaction gazeuse dans l'estomac ;

– une quantité d'eau trop importante avalée rapidement ;

– les efforts pratiqués trop tôt après l'ingestion du repas ;

– un abdomen distendu par la gestation.

Nous savons que du temps de réaction dépendent les chances de survie du chien. Les premiers signes d'une torsion d'estomac doivent être connus : le chien essaie de vomir à de nombreuses reprises, sans y parvenir ; il est très inquiet, il bave et son abdomen commence à gonfler.

> Les diarrhées

Les causes de diarrhées sont multiples :

– la suralimentation ;

– l'infestation massive de vers ;

– la mauvaise assimilation d'un aliment ;

– une bactérie ou une maladie virale.

Le premier réflexe consiste à prendre la température du chien et à le mettre à la diète pendant 24 heures. Vous pouvez lui donner un peu d'eau (l'équivalent d'un verre). S'il a de la

fièvre, consultez le vétérinaire sans attendre l'effet de la diète. S'il n'a pas de fièvre, et après la période de diète, préparez au chien une ration alimentaire réduite, composée de riz très cuit et de blanc de poulet, accompagnée d'un verre d'eau. Mettez votre chien à ce régime pendant 2 jours, puis revenez progressivement à son alimentation de base.

> Les crises d'épilepsie

Actuellement présente aux États-Unis dans certaines lignées, il y a fort à parier que la France sera également touchée par cette affection qui, comme chez l'homme, se caractérise par la survenue soudaine de convulsions, avec parfois perte de conscience accompagnée de trouble neurovégétatifs comme la salivation, la miction ou la défécation. Des traitements antiépileptiques existent; votre vétérinaire pourra vous conseiller après avoir établi un diagnostic précis sur l'origine des crises.

Les accidents

En règle générale, après avoir administré les premiers soins à votre chien, une visite chez le vétérinaire s'impose afin de vérifier l'absence de lésion interne.

> Les coupures

Pour soigner les petites plaies, désinfectez simplement à l'aide d'une lotion antiseptique. Vous aurez éventuellement pris soin de couper les poils autour de la coupure pour permettre une cicatrisation saine et rapide. Pour des plaies plus importantes, faites intervenir votre vétérinaire: il procédera à la pose d'agrafes ou de points de suture. Certaines parties du corps du chien saignent facilement, notamment les extrémités, telles les oreilles, les babines, la langue ou les pattes. Ce sont en général les coussinets qui sont le plus souvent atteints, le saignement est important et provoque la panique du maître. Pour stopper l'hémorragie, appliquez sur la plaie une boule de coton ou un tissu propre, que vous maintiendrez très serré à l'aide d'une bande adhésive de type Elastoplast™ puis, selon la profondeur de la plaie, consultez le vétérinaire.

> Un corps étranger

Après une promenade, vous vous apercevez que votre chien se gratte une oreille ou essaye de se mordiller sous une patte ou un autre endroit du corps. Inspectez alors la région concernée pour voir si un corps étranger n'est pas en train de blesser le chien. Si tel est le cas et que vous n'osez pas ou n'arrivez pas à le retirer vous-même, consultez le vétérinaire.

> L'électrocution

Les jeunes chiens livrés à eux-mêmes dans un appartement ou dans une maison ont une foule de choses à découvrir. Les prises et les fils électriques en sont deux qui peuvent causer leur électrocution. Là aussi la prévention est la meilleure solution afin d'éviter les accidents. En votre absence, nous vous conseillons de débrancher les rallonges, de cacher les fils et de placer des cache-prises (comme pour les enfants). Si malgré ces précautions, vous découvrez votre chiot couché et inanimé, n'ayez pas le mauvais réflexe de courir vers lui pour le prendre dans vos bras. Il est probable que, s'il s'est électrocuté, il a uriné sous lui et si vous mettez les pieds dans cette flaque, vous risquez d'être électrocuté à votre tour. Observez l'entourage du chiot: si le sol est mouillé ou que vous voyez que le chiot est encore en contact avec des fils, coupez le disjoncteur général de votre habitation avant d'entreprendre toute action de secours. Si le chiot ne respire plus, tentez la respiration artificielle.

Placez le chiot sur le dos, ouvrez sa bouche et vérifiez que rien n'obstrue la trachée (sortez sa langue et placez-la sur le côté). Poussez fermement avec vos deux mains sur sa poitrine (sans à-coups violents) afin de provoquer l'expulsion de l'air contenu dans ses poumons, relâchez ensuite immédiatement la pression et laissez les poumons se regonfler ; recommencez l'opération toutes les 5 secondes. Si vous parvenez à ranimer votre chiot, réchauffez-le, enroulez-le dans une couverture et allez consulter le vétérinaire de toute urgence.

> Les intoxications

En cas d'ingestion accidentelle d'un produit dangereux, appelez immédiatement le vétérinaire qui vous indiquera la marche à suivre. Ne prenez aucune initiative personnelle sans son avis car vous pourriez aggraver la situation. Parmi les produits et les objets dangereux, dont le stockage devra tenir compte de la cohabitation avec un animal domestique, nous citerons : les batteries automobiles, l'antigel, les piles, les détergents ménagers, la soude caustique, les insecticides, les raticides, les produits antilimaces, antifourmis, les thermomètres et les baromètres contenant du mercure, les allumettes et tous les produits chimiques en général.

Si votre chien présente des troubles du comportement : vomissements, diarrhées, convulsions, tremblements ; s'il titube et a des difficultés à se déplacer, appelez vite votre vétérinaire.

> Les brûlures

Si votre chien s'est brûlé accidentellement, appliquez, sur la partie du corps touchée, un linge propre rempli de glaçon et, selon le degré de la brûlure, consultez le vétérinaire.

> Les morsures de serpent

Si lors d'une promenade, vous voyez votre chien sursauter et fuir en couinant, il s'est

peut-être fait mordre par un serpent. Tentez de localiser la plaie : si celle-ci gonfle, portez votre chien et consultez le vétérinaire le plus proche. Faites attention car votre chien est en état de choc et souffre beaucoup, il peut donc avoir des réactions inhabituelles même à votre égard. Tentez de le rassurer en lui parlant et en le caressant. Sachez aussi qu'une morsure de vipère peut entraîner des vomissements convulsifs.

> Un accident de voiture

Si votre chien est renversé par une voiture, la première des choses à faire est de s'occuper du chien et non d'insulter le propriétaire du véhicule en cause. Approchez-vous doucement du chien en lui parlant et vérifiez sa respiration. Faites appeler un vétérinaire et évitez les manipulations qui ne feraient qu'aggraver ses douleurs et son état. S'il a des fractures, votre chien peut mordre de douleur. Avec l'aide de deux autres personnes, soulevez délicatement le chien et glissez-le sur une couverture. Soulevez ensuite à deux la couverture, alors que la troisième personne soutiendra le dos du chien. Placez le chien dans le véhicule de secours, restez à ses côtés et parlez-lui.

> Le coup de chaleur

Chaque année des chiens meurent de coups de chaleur à cause de maîtres inconscients. Ne

laissez jamais un chien dans une voiture sans air et en plein soleil (le soleil tourne, une voiture à l'ombre peut rapidement être inondée de soleil!). Si vous-même apercevez un chien qui suffoque dans une voiture, prévenez immédiatement la police ou les pompiers, qui n'hésiteront pas à casser une vitre pour délivrer l'animal. Ils aspergeront le chien d'eau froide pour abaisser sa température corporelle avant de le conduire chez le vétérinaire.

> Les noyades

Méfiez-vous des piscines: un chien qui tombe ou qui saute dans une piscine ne pourra probablement pas en ressortir seul et, victime d'épuisement, finira par se noyer. Protégez donc leurs accès afin d'empêcher qu'un tel accident ne survienne pendant en absence. Si, malgré tout, votre chien est victime d'une noyade, placez-le la tête en bas en le soulevant à l'aide d'un bras passé sous son abdomen et en le posant sur votre épaule. Tentez ensuite dans cette position de pomper avec vos mains sur sa cage thoracique, afin de provoquer l'évacuation de l'eau contenue dans ses poumons.

> L'ingestion d'un corps étranger

En jouant, votre chien peut accidentellement avaler un objet. Il peut être rond ou pointu et rester coincé dans sa gorge. Surveillez donc les objets qui sont à la portée de sa gueule. Évitez les objets du type bille, balle de golf ou de squash et préférez les ballons et les balles de tennis. Votre chien peut également avaler un caillou. L'évacuation d'un corps étranger est assez délicate; confiez donc cette opération à votre vétérinaire. Mais si la respiration de votre animal est complètement bloquée, tentez de pomper avec vos mains sur sa cage thoracique, afin de provoquer l'évacuation du corps étranger. Autre possibilité: le corps étranger peut être descendu dans les intestins et provoquer une occlusion intestinale. Une constipation s'installe, le chien souffre de douleurs abdominales, il vomit et se déshydrate. Le vétérinaire doit être consulté rapidement; il procédera à l'évacuation du corps étranger soit par les voies naturelles, soit en pratiquant une opération chirurgicale.

La contraception

> Pour le mâle

Pour éviter que votre mâle ne devienne l'heureux père d'une portée de chiots qui ne serait pas désirée, la seule contraception possible est la stérilisation définitive. Elle consiste en une opération chirurgicale (vasectomie ou castration). Vous devrez alors vous méfier du risque d'obésité qui guettera votre compagnon et adapter son régime alimentaire en fonction de son poids.

> Pour la femelle

Si vous ne souhaitez pas que votre chienne mette au monde une portée de petits, plusieurs méthodes existent. La première consiste à faire repousser, pour une raison de convenance, la date des chaleurs. Ce report se fait grâce à l'administration d'hormones. Celles-ci repoussent de plusieurs jours l'apparition des chaleurs, si elles sont données sous forme de cachets, et de 6 mois si elles sont administrées en injections. Vous ne devez pas repousser systématiquement les chaleurs de votre femelle et cette technique de contraception ne doit être qu'exceptionnelle. Si toutefois les chaleurs de votre chienne deviennent un problème, mieux vaut alors avoir recours à une contraception définitive par le biais d'une intervention chirurgicale au cours de laquelle le vétérinaire pratiquera une ovariectomie (ablation des ovaires) ou une ovario-hystérectomie (ablation de tous les organes sexuels de la chienne).

> L'avortement

Si votre femelle berger australien est tombée folle amoureuse du chien de votre voisin, qui est croisé labrador et lévrier, et que vous avez été témoin de leurs ébats amoureux, vous avez deux solutions. La première consiste à faire pratiquer par votre vétérinaire une interruption volontaire de grossesse: trois injections à partir du troisième jour après l'accouplement. La seconde est de laisser se dérouler la gestation et la mise bas de la femelle. Vous garderez la progéniture ou bien vous ferez euthanasier les chiots à la naissance et couper la montée de lait de la chienne.

L'ALIMENTATION DU BERGER AUSTRALIEN

Bien nourrir son chien est essentiel et ce, dès son plus jeune âge. Selon son mode de vie, son âge, son activité, la qualité et la quantité doivent être adaptées. Différents types d'alimentation existent pour bien le nourrir. De gros progrès ont été réalisés notamment dans l'élaboration de l'alimentation industrielle et de nombreux produits haut de gamme répondent à des besoins nutritionnels très variés. Si l'alimentation ménagère est de moins en moins utilisée, elle reste encore la règle dans de nombreux foyers.

Les composants de base de l'alimentation

> Les protides

Ce sont les protéines d'origine animale ou végétale. On les trouve dans la viande, le poisson, le fromage et les œufs. Elles fournissent les acides aminés, indispensables au renouvellement cellulaire des tissus et des muscles. Les protéines d'origine végétale sont mal assimilées par l'organisme du chien.

> Les lipides

Ce sont les graisses. Elles peuvent également être d'origine animale ou végétale. Ce sont, par exemple, le saindoux ou les huiles de tournesol, de maïs et de soja. Elles apportent à l'organisme du chien les acides gras essentiels à la fabrication du poil et à la protection de la

peau. Elles ont un rôle dans le fonctionnement du système nerveux et constituent une source énergétique très concentrée.

> Les glucides

Ce sont les sucres. On les trouve dans le riz, les pâtes (déconseillées pour le chien), les céréales et les légumes. Ils constituent les principales sources énergétiques de la ration. Les légumes verts et les carottes aident au transit intestinal car ils sont riches en fibres.

> Les minéraux

Ce sont principalement le calcium et le phosphore. On les trouve dans de nombreux aliments, tels que le fromage, les os, le lait (mal supporté par le chien), les œufs, les légumes, le poisson et les céréales. Leur rôle

est fondamental dans le processus de fabrication du squelette du chien. Leur dosage dans la ration quotidienne doit être très précis pour éviter les carences ou les excès qui peuvent entraîner des malformations durant la croissance.

> Les vitamines

Elles sont nombreuses: A, B, C, D, E, K... et indispensables car elles participent au bon fonctionnement de l'organisme en favorisant l'assimilation de certains éléments comme le calcium ou le carbone et en renforçant les défenses naturelles du chien.

L'alimentation ménagère

Une ration alimentaire ménagère se compose principalement de trois ingrédients: viande ou poisson, riz, et légumes auxquels doivent être ajoutés des compléments en minéraux et en vitamines. La ration idéale n'existe pas car il faut adapter selon que votre chien est en pleine croissance, adulte ou senior et selon ses activités (sédentaire ou sportif).

Cependant, on considère qu'une ration composée de 40 % de viande, de 30 % de riz, 20 % de légumes et de 10 % de complément minéral et vitaminique est assez bien équilibrée.

La conservation de l'alimentation ménagère est de courte durée: elle se détériore rapidement en période estivale et est moins économique que l'alimentation industrielle.

L'alimentation industrielle

Il existe une grande variété de produits alimentaires industriels. Cette alimentation a bien des avantages: elle est facile à préparer et à emporter, appétissante et, selon les produits,

complète (nul besoin d'ajouter vitamines ou autres compléments).

On peut trouver des aliments standard de qualité dans les supermarchés, dans les jardineries et les coopératives agricoles, et des aliments nutritionnels de haute qualité et de haute digestibilité chez les vétérinaires. Ces derniers peuvent également prescrire des aliments diététiques conseillés pour aider à traiter certaines maladies comme l'obésité, le diabète ou l'insuffisance rénale.

> Les aliments secs

Avec moins de 14 % d'eau, ils se présentent sous forme de croquettes et sont à servir tels quels ou bien à réhydrater s'il s'agit de soupes.

Dans une même gamme, vous pouvez trouver des produits pour tous les chiens, du chiot jusqu'au senior. Leur conservation dure plusieurs semaines et ils sont bon marché par rapport aux ingrédients nécessaires à la préparation d'une alimentation ménagère.

> Les aliments semi-humides

Ils contiennent de 25 à 60 % d'eau. Conditionnés en sachet ou en barquette, ils sont prêts à l'emploi et sont un peu moins utilisés.

> Les aliments humides

Constitués de 70 à 85 % d'eau et conditionnés sous forme de boîte de conserve ou barquette, ils ont une excellente appétence. Certains de ces repas sont complets, d'autres ne sont que tout viande et doivent être mélangés à d'autres compléments (légumes secs, céréales).

Les repas

La fréquence des repas varie en fonction de l'âge du chien, les quantités selon son mode de vie et selon les produits des fabricants.

Les aliments interdits

Il faut savoir que certains aliments ne doivent pas être donnés à votre chien :

- le chocolat (qui est toxique) ;
- tous les petits os comme ceux du lapin, des côtelettes ou du poulet ;
- la pomme de terre ;
- les choux ;
- les haricots secs ;
- les oignons ;
- les œufs crus ;
- le lait.

L'éleveur sera de bon conseil en ce qui concerne la continuité de l'alimentation de votre chiot.

Lorsqu'un produit convient bien, évitez le changement car le chien n'est pas comme l'homme et n'a pas besoin d'une alimentation variée. Si, pour une raison quelconque, vous deviez changer ses habitudes alimentaires, il convient d'effectuer une période de transition d'une dizaine de jours. Un changement brutal pourrait provoquer des troubles digestifs.

Dans tous les cas, vous devez mettre à disposition une gamelle d'eau fraîche et la renouveler régulièrement.

Les ustensiles nécessaires

Pour servir les repas, on préférera les écuelles en acier inoxydable, légères et faciles à nettoyer. Les écuelles en plastique sont moins solides et peuvent être rapidement rongées par votre berger australien. Idéalement, votre chien prendra ses repas toujours à la même place, dans un endroit calme et facile à nettoyer. Et n'oubliez pas que le chien mange toujours après son maître.

L'ENTRETIEN DU BERGER AUSTRALIEN

L'entretien et l'hygiène de votre berger australien ne doivent pas être négligés. Ils font partie des critères qui maintiendront votre chien en bonne santé.

Le pelage

Facile d'entretien, un toilettage par semaine suffit, excepté en période de mue où la fréquence des brossages sera quotidienne pour favoriser l'élimination des poils morts. Le sous-poil évolue en fonction des saisons. Le poil est droit et ondulé, notamment au niveau des oreilles, là où il faut éviter la formation de nœuds.

Le bain

Il n'est pas vraiment indispensable. Tout dépend des conditions de vie de votre berger australien. Éventuellement on peut y recourir deux fois par an et dans les cas extrêmes si votre animal s'est roulé dans la boue. Utilisez toujours un shampooing pour chien et n'oubliez pas de le brosser avant de le laver. Attention les bains trop fréquents peuvent supprimer la couche de sébum naturel qui protège la peau du chien.

Les dents

Veillez à ce qu'elles ne soient pas entartrées. Vous pouvez procéder à des brossages réguliers avec un dentifrice spécifique pour chien. Si votre berger australien reçoit des aliments à consistance dure, s'il ronge des os ou des friandises conçues pour la mastication, ses dents ne devraient pas trop s'entartrer. Mais, au contraire, si son alimentation est humide, donc assimilable sans croquer, le tartre se formera plus facilement et pourra provoquer des

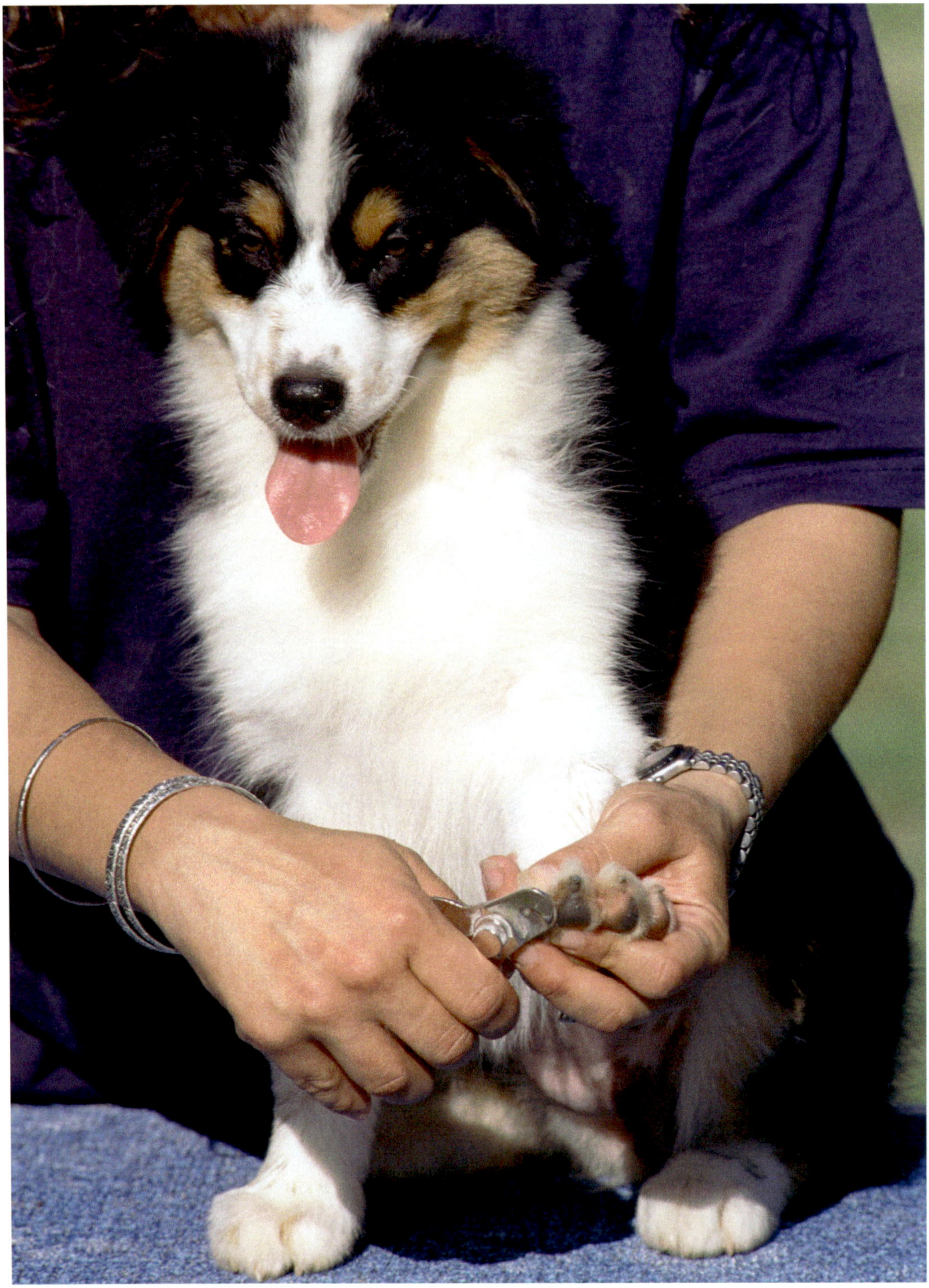

gingivites et le déchaussement des dents. Si toutefois cette formation de tartre était trop importante, votre vétérinaire pourrait y remédier en procédant à un détartrage par ultrasons, et ce, sous anesthésie. Pour son bien-être et pour limiter les infections, il est important que la bouche de votre chien soit saine.

Les oreilles

Une oreille propre diminue les risques d'otites, de gale et autres infections.

Le berger australien ayant des oreilles tombantes, il est nécessaire d'en vérifier régulièrement la propreté. La ventilation du conduit auditif est moindre, et il est impératif de ne pas y laisser s'accumuler des excès de cérumen. Si votre chien est identifié par tatouage, veillez à ce que ce dernier soit toujours propre et bien lisible.

En période de croissance, et notamment pendant la période de poussée dentaire, les oreilles de votre aussie se « promèneront » dans tous les sens. Vous devrez alors les coller avec une colle à tissus à usage vétérinaire, pour qu'elles soient bien placées. L'éleveur aura pris soin de vous informer et de vous montrer la technique idéale.

Le matériel nécessaire

- Une paire de ciseau à bouts ronds.
- Une pince à couper les griffes.
- Un peigne métallique (grosses dents d'un côté et petites dents de l'autre).
- Une étrille et une carde.
- Une brosse en poils de sanglier.

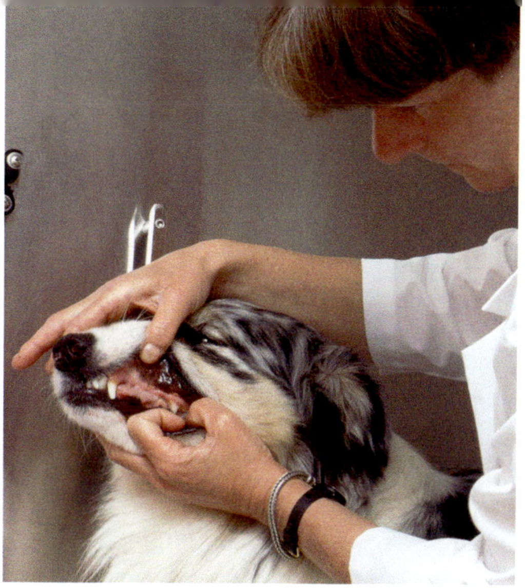

Les yeux

On utilisera simplement un coton imbibé de sérum physiologique pour éliminer les sécrétions du coin de l'œil, ou une lotion adaptée et conseillée par votre vétérinaire.

Les ongles

En principe, les chiens usent naturellement leurs ongles en marchant. Toutefois vous pouvez les couper avec un coupe-griffes prévu à cet effet si nécessaire. Vous veillerez à ne pas sectionner l'ongle trop court. Seuls les ergots n'ont pas la possibilité de s'user sur le sol, on en coupera alors l'extrémité (partie morte).

Les coussinets

Le poil pousse partout, même sous les pattes à l'intérieur des coussinets. Avec une paire de ciseaux à bouts ronds vous pourrez couper à ras ce surplus de poils. Rien ne viendra alors se loger sous les pattes et votre berger australien sera libre à la marche sans aucune gêne.

Les papiers du berger australien

L'éleveur est tenu de vous remettre un certain nombre de documents qui doivent être rédigés en bonne et due forme et certains signés par les deux parties.
Le commerce des chiens de race est réglementé, le code rural définit différentes obligations à respecter.
L'ensemble des documents remis lors d'une vente doit garantir les origines du chiot, officialiser la propriété et donner à l'acheteur la possibilité d'un recours en cas de différend.

L'attestation de vente

C'est un contrat qui lie le vendeur à l'acquéreur. Sur ce document doivent figurer différents renseignements relatifs au chiot dont:

– les coordonnées de l'éleveur et de l'acheteur;

– l'identité du chien (nom, tatouage, date de naissance) ;

– la race et le sexe;

– son numéro de LOF (s'il n'est pas encore attribué, le numéro d'inscription de portée à la Société centrale canine doit être précisé) ;

– le prix de vente et les modalités de paiement;

– les noms et numéros de LOF des parents;

– l'usage auquel est destiné le chiot (exposition, reproduction, chien de chasse, chien de compagnie – par animal de compagnie on entend tout animal détenu par l'homme pour son agrément) ;

– les papiers remis;

– le nom des vétérinaires des deux parties, (celui qui a suivi le chiot jusqu'à ce jour et celui qui le suivra ultérieurement) ;

– les garanties relatives aux vices rédhibitoires;

– la date de livraison du chiot, avec les signatures du vendeur et de l'acheteur précédées de la mention « lu et approuvé ».

La carte d'identification

La loi française a rendu obligatoire l'identification des chiens, que ce soit lors d'une vente à titre onéreux ou lors d'un échange à titre gratuit:

– pour des raisons de santé publique (en cas de rage par exemple, il est primordial de pouvoir déterminer l'origine des animaux) ;

– pour le bien-être de l'animal (tout animal égaré sera plus facilement restitué à son propriétaire s'il est correctement identifié – lutte contre les abandons et les trafics) ;

– pour la protection des propriétaires (garantir la provenance et les caractéristiques du chien).

> L'identification par tatouage

Ce tatouage peut être pratiqué à l'intérieur de la cuisse droite, mais il se situe plus souvent sur la face interne de l'oreille droite du chien. Il contient trois lettres et trois chiffres. Il est réalisé par un vétérinaire ou un tatoueur homologué et, pour une meilleure visibilité et une plus longue durée, il se fait de préférence au

dermographe et sous anesthésie. Le tatouage à la pince est moins précis et s'efface avec le temps.

La carte de tatouage mentionne le nom du chien, sa date de naissance, sa race, son numéro d'identification, l'adresse précise et le téléphone du propriétaire. Le jour où vous viendrez chercher votre chiot, la carte sera probablement encore au nom de l'éleveur. Il devra procéder immédiatement au changement de propriétaire (la signature de l'ancien maître et celle du nouveau maître doivent apparaître sur les deux parties de la carte) et vous remettra une carte tandis qu'il renverra l'autre au fichier de la Société centrale canine. Vous recevrez une nouvelle carte ultérieurement mais, en attendant, conservez bien la partie que l'éleveur vous aura remise. Ce document équivaut pour le maître à un titre de propriété et, pour l'animal, à sa carte d'identité. Si vous déménagez, vous devez la mettre à jour et si votre chien décède, vous devez la retourner à la SCC en précisant simplement la date du décès.

> L'identification par puce électronique

Cette puce est une minicapsule de la taille d'un grain de riz. Injectée sous la peau, elle contient un numéro propre à chaque animal. Les différences avec l'identification par tatouage sont les suivantes :

– l'injection de la puce se fait au niveau de la gouttière jugulaire gauche, sans anesthésie ;

– elle contient quinze chiffres et permet l'identification du pays, de l'espèce et de l'individu. Seul un lecteur scanner placé à quelques centimètres de l'épaule gauche de l'animal permet de lire et de décoder ce numéro ;

– la puce est permanente et ne risque pas, avec les années, de s'effacer comme certains tatouages, notamment ceux faits à la pince.

L'éleveur doit vous remettre avec la carte une médaille qui sera accrochée au collier de votre

chien. Elle signifie que ce dernier est bien identifié par puce électronique. Les autres formalités sont identiques au tatouage.

Le carnet de santé

En première partie sont mentionnés, le nom du chiot, la date de naissance, le sexe et la race, le numéro d'identification, les coordonnées de l'éleveur et celles du propriétaire. Ensuite viennent quelques conseils et informations utiles et enfin une troisième partie où sont enregistrées les données médicales: dates d'injection des vaccins administrés avec vignettes et signature du praticien, dates des vermifugations et des éventuelles interventions vétérinaires.

Le carnet de santé doit accompagner votre chien lors de chacun de ses voyages.

Le passeport européen

Le passeport pour animaux domestiques constitue un document vétérinaire, il est donc délivré exclusivement par ce dernier. Il fournit la preuve que l'animal a bien été vacciné contre la rage et qu'il est bien identifié (par puce électronique ou par tatouage). Avec ce seul document, les animaux domestiques peuvent voyager dans tous les États membres de l'Union européenne, à l'exception de l'Irlande, de la Suède et du Royaume-Uni.

Le certificat de naissance

Appelé aussi pedigree provisoire, ce document officiel est délivré par la Société centrale canine. Il garantit les origines du chiot que vous achetez. Sur ce document figurent les noms et adresse du producteur, le nom de l'animal, sa race, son sexe, sa date de naissance, son numéro de tatouage ou de puce électronique, son arbre généalogique sur trois générations et son numéro de LOF (Livre des origines français).

Ce pedigree provisoire ne deviendra définitif qu'après passage de l'examen de confirmation. Un juge canin ou un expert confirmateur contrôlera la conformité de votre chien par rapport au standard de la race. La réussite à cet examen signifie que, si votre chien est accouplé à une femelle également confirmée, ils engendreront des chiots qui pourront à leur tour être inscrits au LOF à titre provisoire.

Le livret d'élevage

Un texte de loi du 6 janvier 1999 indique qu'au moment de la livraison du chiot, un document d'information sur les caractéristiques et les besoins de l'animal doit être remis à l'acquéreur. Cette notice fournira à l'acheteur tous les conseils essentiels (alimentation, hygiène, éducation...) dont il a besoin pour satisfaire au bien-être de son chien. C'est un document propre à chaque race canine, chacune ayant ses spécificités.

La garantie légale des vices rédhibitoires

Le vice rédhibitoire correspond à un défaut grave, antérieur à la vente. Cette garantie se rapporte aux maladies et aux tares génétiques, définies par la loi du 22 juin 1989 articles 284 et 285. Elle protège l'acheteur et permet d'annuler une vente si une requête auprès du tribunal est déposée dans les 30 jours suivant la livraison du chiot. L'action en justice doit se faire le plus rapidement possible au tribunal d'instance du lieu de résidence de l'animal ou du propriétaire.

Cette requête doit être justifiée par un diagnostic de suspicion de vices rédhibitoires établi par l'un des deux vétérinaires nommé dans l'attestation de vente. L'article 285-1 de la loi du 22 juin 1989 du code rural définit comme vices rédhibitoires les maladies et tares génétiques suivantes :

– La maladie de Carré.

– L'hépatite contagieuse (maladie de Rubarth).

– La parvovirose canine

– La dysplasie coxo-fémorale (pour les animaux vendus avant l'âge de 1 an, les résultats de tous les examens jusqu'à cet âge sont pris en compte en cas d'affection résultant de vices rédhibitoires).

– L'ectopie testiculaire (pour les animaux âgés de plus de 6 mois).

– L'atrophie rétinienne (anophtalmie).

Parmi les vices rédhibitoires se trouvent des maladies infectieuses avec un délai d'incubation court. Pour ces maladies, un délai de rédhibition a été fixé afin de s'assurer que la maladie a bien été contractée à l'élevage. Ces délais sont les suivants : pour la maladie de Carré : 8 jours ; pour l'hépatite contagieuse : 6 jours ; pour la parvovirose : 5 jours.

Si lors d'une transaction, il y a vice rédhibitoire ou vice caché prouvé (le vice caché est un défaut du chien, dont l'éleveur a connaissance en tant que professionnel mais qui n'est pas détectable par un acheteur néophyte), l'acheteur peut, ou garder le chien et se faire rembourser une partie du prix d'achat, ou bien le restituer au vendeur et se faire rembourser.

En outre, si l'animal décède et que l'acheteur n'a pas prouvé dans le délai légal que le décès est lié au vice, le vendeur n'est pas tenu de procéder au remboursement ou à l'échange du chiot.

Enfin, avant d'avoir recours aux procédures juridiques, il faut tout tenter pour trouver une entente à l'amiable entre les deux parties.

Pour aller plus loin

Le berger australien et le club de race

Le Club français pour l'amélioration des chiens de race berger australien (CFACRBA) est l'appellation, depuis 1989, d'une association qui est la seule reconnue par la Société centrale canine en tant qu'association spécialisée. Ce club a été fondé par Mme Brigitte Joly.

Historique du CFACRBA

Début 1997, une autre association avait été créée, il s'agissait du Club du berger australien (CBA). La Société centrale canine a admis en stage d'affiliation le CFACRBA à la fin de 1997, à la condition qu'elle accueille les membres du CBA qui le souhaitaient. Le regroupement de ces deux entités a permis au club d'être reconnu.

C'est en 2000 que la SCC a proposé au CFACRBA de s'occuper également d'une autre race de berger australien, le kelpie. Le club est régi en tant qu'association loi 1901 à but non lucratif. Il a ses propres statuts et son règlement intérieur. Son rôle consiste à gérer les races Australian Shepherd et kelpie en France. C'est la Société centrale canine qui lui a confié cette responsabilité, elle-même reconnue d'utilité publique et sous l'égide du ministère de l'Agriculture.

Les attributions du CFACRBA

Parmi les tâches qui lui sont confiées, le Club français pour l'amélioration des chiens de races bergers australiens doit :

– mettre en place des tests destinés à l'amélioration du cheptel ;

– promouvoir la race et encourager la participation des propriétaires de bergers australiens et de kelpie aux expositions canines ;

– former des juges et des experts confirmateurs (lors de demandes d'extensions car, tant qu'elle est en stage d'affiliation, l'association ne peut pas nommer de nouveaux juges) ;

– favoriser les relations entre les adhérents de l'association, les conseiller et les guider dans leurs choix ;

– organiser des expositions Régionales et Nationales d'élevage ;

– publier une revue périodique à destination des propriétaires et des éleveurs.

Le fonctionnement du club

Pour mener à bien toutes ces tâches, le CFA-CRBA est doté d'un comité directeur composé de neuf membres qui assurent bénévolement la gestion et le fonctionnement de l'association. Le comité est soutenu dans son action par des équipes de délégués régionaux. Les délégués ont un contact direct avec les propriétaires de bergers australiens et de kelpie. Ils leur font connaître l'association et répondent à leurs questions concernant l'entretien, l'éducation, l'alimentation, etc. Toutes ces personnes sont également bénévoles et mettent leur passion pour l'Australian Shepherd et le kelpie au service de l'association.

Les ressources du club sont principalement composées des cotisations annuelles des adhérents. Plus le nombre d'adhérents est élevé,

plus les opérations de promotion peuvent être importantes et les rencontres de propriétaires agréables. Toute personne peut sur simple demande ou par Internet adhérer et soutenir le CFACRBA Si vous aimez le berger australien, nous ne pouvons que vous encourager à adhérer à cette association. Vous pouvez aller consulter le site officiel de l'association à l'adresse suivante: http://cfacrba.free.fr

Le CFACRBA organise des tests de caractère et des tests d'aptitudes naturelles (TAN) sur moutons. Il informe toute personne intéressée par l'acquisition d'un aussie et le dirige vers des éleveurs sérieux.

Les actions pour éradiquer dysplasie et tares oculaires

Le Club français pour l'amélioration des chiens de races bergers australiens assure également un programme d'éradication de la dysplasie coxo-fémorale et des tares oculaires. Il demande aux propriétaires qui désirent faire reproduire leur chien de réaliser au préalable une radiographie des hanches et de lui faire passer un examen de dépistage des tares oculaires auprès d'un vétérinaire officiellement reconnu par la Société centrale canine. Des vétérinaires habilités interprètent la radiographie des hanches et déterminent un stade (A,

B, C, D, E). Cette précaution permet, notamment, d'établir des statistiques sur l'état de la maladie dans le cheptel français et une aide les propriétaires dans le choix des reproducteurs.

Une des tâches du club est aussi de tenir à jour un livre des géniteurs. Dans ce fichier, les géniteurs sont classés selon une grille de cotation à six échelons. L'obtention de ces cotations prend en compte le niveau de conformité au standard, le résultat de la radio de dysplasie et de l'examen de dépistage des tares oculaires, les résultats obtenus en expositions Spéciales et Nationales d'élevages, ainsi que les résultats obtenus par leurs descendances. Cette grille se compose de la façon suivante :

> Cotation 1

Confirmation.

> Cotation 2

Sujet CONFIRMÉ

+ 1 Excellent dans une exposition

+ 1 Test de caractère ou CSAU (Certificat de sociabilité et d'aptitude à l'utilisation) ou CANT (Certificat d'aptitudes naturelles au troupeau)

+ Dysplasie de la hanche : lecture A, B ou C

> Cotation 3

Sujet CONFIRMÉ

+ 2 Excellent en Spéciale de race ou Régionale d'élevage ou Championnat ou Nationale d'élevage sous 2 juges différents

+ 1 Test de caractère ou CSAU ou CANT

+ Dysplasie de la hanche : lecture A, B ou C

+ Actuellement indemne de tares oculaires (AOC, APR, cataracte juvénile)

> Cotation 4 « recommandé »

Sujet CONFIRMÉ

+ 2 Excellent en Spéciale de race ou Régionale d'élevage ou Championnat ou Nationale d'élevage sous 2 juges différents dont 1 obligatoirement en Championnat ou Nationale d'élevage

+ 1 Test de caractère ou CSAU ou CANT

+ Dysplasie de la hanche : lecture A ou B (après 15 mois)

+ Actuellement indemne de tares oculaires (AOC, APR, cataracte juvénile)

+ Dentition complète (sauf PC1)

> Cotation 5 « élite B »

Sujet CONFIRMÉ ayant produit en 1re génération :

Mâle : 4 descendants cotés

4 points avec 2 lices

Femelle : 4 descendants cotés

4 points en 2 portées

> Cotation 6 « élite A »

Sujet RECOMMANDÉ ayant produit en 1re génération :

Mâle : 4 descendants cotés

4 points avec 2 lices

Femelle : 4 descendants cotés

4 points en 2 portées

L'AIBASU

En plus du CFACRBA, seule association spécialisée de race reconnue par la SCC, s'est créée récemment une association, AIBASU (Amicale. Internationale. Bergers. Australiens. Sport. Utilité) qui a pour président M. Joseph Ortega. Cette amicale regroupe des amateurs de bergers australiens, de kelpie et de bouviers australiens *(Cattle Dog)*. Elle organise des stages d'initiation sur troupeaux et aux disciplines sportives et utilitaires que peuvent pratiquer ces races de chien.

Son site est :

http://membres.lycos.fr/aibasu/

Le berger australien et les expositions

Une exposition canine est un rassemblement de chiens de race, qui se déroule sur un ou deux jours. L'organisation des expositions est du ressort des sociétés canines régionales ou des clubs spécialisés de race. Tout organisateur doit au préalable recevoir l'autorisation de la SCC. Lors de ces journées, les chiens sont présentés à un juge canin de la SCC qui compare la morphologie de chacun d'eux par rapport au standard de la race.

Ce comparatif donne lieu ensuite à un classement et à l'attribution d'un qualificatif accompagné ou non d'un certificat (CACS, RCACS, CACIB, RCACIB). Le juge rédige sur une feuille de jugement les commentaires concernant votre chien, et vous en remet une copie. La participation aux expositions est ouverte à tout chien inscrit au LOF (Livre des origines français) ou à un livre d'origine étrangère. Pour cela, le propriétaire doit demander, au moins 6 semaines avant la date de l'exposition, une feuille d'engagement à la société canine organisatrice. Il doit remplir cette feuille avec les renseignements contenus dans le pedigree (provisoire ou définitif) de son chien et la retourner accompagnée du règlement des droits d'inscription. De plus en plus d'organisateurs proposent des engagements en ligne sur Internet. La participation à une exposition, même si le chien remporte le 1er prix, ne rapporte pas d'argent à son propriétaire, mais seulement des titres honorifiques (qui, lorsqu'ils sont cumulés, permettent au chien de devenir champion) et des coupes.

Les expositions sont avant tout des vitrines du cheptel de chaque race qui permettent aux éleveurs de faire découvrir leur production. L'autre aspect des expositions est qu'elles sont ouvertes au public qui, soit en simple curieux, soit en connaisseur, vient admirer de beaux chiens et se renseigner sur les différentes races en vue d'acquérir un spécimen. Lors de ces expositions, les propriétaires de bergers australiens peuvent présenter leur chien pour la confirmation dès l'âge de 1 an.

Il faut distinguer quatre types d'expositions canines.

Les expositions internationales

Dans lesquelles sont attribués les CACS (Certificat d'aptitude au championnat de conformité au standard) et les CACIB (Certificat d'aptitude au championnat international de beauté).

Les expositions nationales

Dans lesquelles ne sont attribués que les CACS (Certificat d'aptitude au championnat de conformité au standard).

Certaines expositions internationales ou nationales peuvent obtenir le qualificatif de « spéciale berger australien » attribué par le CFACRBA (Club français pour l'amélioration des chiens de race berger australien). Dans ces cas-là, le club fait la proposition à la société canine organisatrice d'un juge de son choix.

Les expositions Nationale d'élevage

Ces expositions sont organisées par le CFA-CRBA. Il n'y en a qu'une seule chaque année et seuls les bergers australiens et les kelpies peuvent y participer. Lors de ces expositions, deux CACS sont attribués par race, un pour les femelles et un pour les mâles. Ces CACS font partie de ceux qui donnent accès au titre de champion de France.

Les expositions Régionales d'élevage

Ces expositions organisées par les délégations régionales du CFACRBA (Club français pour l'amélioration des chiens de race berger australien) ne permettent l'attribution d'aucun certificat. Plusieurs d'entre elles sont organisées chaque année et ne sont ouvertes qu'aux bergers australiens et aux kelpies.

En plus de ces différentes expositions, les sociétés canines régionales organisent des présentations canines toutes races au cours desquelles les chiens peuvent être confirmés. Elles ne permettent l'attribution d'aucun certificat, le juge choisissant uniquement un sujet de chaque race qu'il qualifiera de Meilleur de race, ceci lui donnant le droit de participer à l'élection du meilleur chien de la présentation.

Les différentes classes d'engagement

> Dans les expositions Régionales et Nationales d'élevage

• Classe Baby

Pour les bergers australiens âgés de 4 à 6 mois.

> Dans toutes les expositions (y compris les Régionales et Nationales d'élevage)

• Classe Puppy

Pour les bergers australiens âgés de 6 à 9 mois.

• Classe Jeune

Pour les bergers australiens âgés de 9 à 18 mois.

• Classe Intermédiaire

Pour les bergers australiens âgés de 15 à 24 mois.

• Classe Ouverte

Pour les bergers australiens âgés de plus de 15 mois.

• Classe Champion

Pour les bergers australiens possédant un titre de champion d'un pays membre de la Fédération cynologique internationale (les aussies ne peuvent pas encore être champions internationaux).

• Classe Vétéran

Pour les bergers australiens âgés de plus de 8 ans.

• Classe Lot d'élevage

Pour un groupe de bergers australiens d'au moins trois sujets, déjà engagés en classe individuelle, nés chez le même éleveur mais pouvant appartenir à plusieurs propriétaires différents.

• Classe Couple

Pour deux sujets bergers australiens de sexe différents, déjà engagés en classe individuelle et appartenant au même propriétaire (pas nécessairement issus du même élevage).

• Classe Paire

Pour deux sujets bergers australiens de même sexe, déjà engagés en classe individuelle et appartenant au même propriétaire (pas nécessairement issus du même élevage).

• Classe Travail

Cette classe n'est pas accessible au berger australien car la race est déclarée non soumise au travail selon la classification de la FCI.

En plus de toutes ces classes, les chiens sont également regroupés en fonction de leur sexe.

Le déroulement d'une exposition

> L'arrivée

Vous serez muni du carnet de santé de votre chien. Pour la confirmation, du pedigree provisoire, de la carte d'identification (tatouage ou puce électronique) et du formulaire de confirmation (vous aurez pris soin de remplir au préalable la partie qui vous concerne). À l'entrée de l'exposition, vous passerez le contrôle vétérinaire et présenterez le carnet de santé et, si besoin, le certificat antirabique. Au secrétariat, un catalogue vous sera remis répertoriant tous les chiens inscrits avec les coordonnées de tous les propriétaires. Ensuite, vous devrez trouver votre cage (si l'exposition en est pourvue) et repérer le ring dans lequel les jugements des aussies se dérouleront. Sachez que le juge présent sur le ring est le seul maître à bord. Vous devez respecter l'ordre et l'heure de passage des chiens. Cet ordre est en principe celui du catalogue. Vous devez donc rester à proximité des cages, et être prêt pour le commencement des jugements. Vous devrez vous munir du carton portant le numéro de votre chien (numéro d'inscription au catalogue) qui vous est remis à l'entrée ou lors de votre engagement, voire parfois distribué par le secrétaire du juge dans le ring. Vous le fixerez à l'aide d'une épingle, sur votre poitrine ou votre manche, bien visible.

> La présentation

Lorsque vous entrez sur le ring, vous devrez vous placer dans l'ordre des numéros en tenant votre chien toujours à votre gauche, de telle sorte qu'il soit toujours situé entre vous et le juge. Ce dernier va contrôler sa morphologie et la comparer au standard. Votre animal doit se laisser manipuler sans bouger et sans avoir peur du juge. Il doit se laisser regarder les dents sans difficultés.

Tenez votre chien en laisse et évitez de garder le chien serré contre vous, afin que le juge puisse se déplacer à son aise et toucher le chien facilement.

Lorsque le juge vous demandera de marcher ou de trotter avec votre chien, rappelez-vous que vous devez en rester le maître. Celui-ci ne doit pas tirer mais se déplacer d'une allure régulière. La laisse doit être souple et non tendue. Votre chien doit être libre de ses mouvements. Le juge peut demander de faire un aller et retour, des cercles à la périphérie du ring dans le sens inverse des aiguilles d'une montre, ou bien de se déplacer en réalisant un triangle afin d'apprécier votre chien vu de derrière, de côté, puis de face, sans bouger de sa place. Le juge canin est invité dans les expositions en tant d'expert et il est là pour émettre un jugement. Si le classement qu'il a fait ou les appréciations portées sur votre aussie ne vous conviennent pas, restez courtois et évitez d'afficher votre mauvaise humeur. Le juge ne reviendra pas sur ses décisions. Souvenez-vous que les résultats que vous obtiendrez seront fonction, non seulement des qualités morphologiques de votre chien et de sa façon de se présenter, mais aussi de la façon dont vous le présentez. Votre berger australien peut être très bien dans sa tête lors d'une exposition et beaucoup moins bien la fois suivante. Son attitude sur un ring peut parfois modifier radicalement l'avis du juge, et peut vous valoir un déclassement. Le juge pourra lui attribuer, selon la classe dans laquelle vous le faites concourir et selon sa valeur, l'un des qualificatifs suivants.

Les qualificatifs

En classe Baby et Puppy, le juge formulera l'une de ces trois appréciations : Très prometteur, Prometteur ou Assez prometteur.

En classe Jeune, Intermédiaire, Ouverte, Champion et Vétéran, le juge attribuera l'un de ces qualificatifs :

Excellent : attribué à un chien se rapprochant très près du standard idéal de la race, présenté en parfaite condition, réalisant un ensemble harmonieux et équilibré et ayant « de la classe » et une brillante allure. La supériorité de ses qualités, vis-à-vis de la race, dominera ses petites imperfections mais il possédera les caractéristiques de son sexe.

Très bon : attribué à un chien parfaitement typé, équilibré dans ses proportions et en bonne condition physique. Il lui sera toléré quelques petits défauts mais non morphologiques. Ce qualificatif ne peut récompenser qu'un chien de qualité, digne d'être utilisé comme reproducteur.

Bon : il est attribué à un chien possédant les caractéristiques de la race mais accusant des défauts, à condition que ceux-ci ne soient pas rédhibitoires.

Assez bon : attribué à un chien suffisamment typé, sans qualités notoires ou pas en condition physique.

Insuffisant : attribué à un chien qui ne correspond pas au standard ou qui, en raison de défauts grossiers de caractère, sont sans valeur pour l'élevage. Ce chien n'est pas confirmable.

Les prix

Voici la liste des prix que peut obtenir votre berger australien lorsqu'il est engagé en classe Ouverte ou Intermédiaire.

> Le CACS ou Certificat d'aptitude et de conformité au standard

Ce titre est attribué pour chaque sexe. Il ne peut être remis qu'à un chien classé premier Excellent mais cette suprême récompense n'accompagne pas automatiquement cette première place. Le premier classé peut être Excellent sans plus. Il est accordé à un sujet exceptionnel, très près de l'idéal du standard, digne d'accéder au Championnat de France.

> Le RCACS ou Réserve de CACS

Ce titre est accordé dans les mêmes conditions que le CACS au second Excellent s'il est de mérite sensiblement équivalent au premier.

> Le CACIB ou Certificat d'aptitude au championnat international de beauté

Cette récompense est attribuée pour chaque sexe. Ce prix est mis en compétition entre le vainqueur du CACS et le premier Excellent de la classe Champion s'il y a lieu. Ce titre est décerné au plus beau chien s'il est de mérite exceptionnel et n'accompagne pas automatiquement la première place.

Il est accordé au sujet exceptionnel, très près de l'idéal du standard, digne d'accéder au Championnat international.

> Le RCACIB ou Réserve de CACIB

Ce titre est accordé dans les mêmes conditions que le CACIB au second excellent, s'il est de mérite sensiblement équivalent au premier.

> Le Meilleur de race ou BOB (Best of Breed)

Cette récompense est décernée au chien, mâle ou femelle, qui est le plus beau et le plus représentatif de sa race. Le chien ayant obtenu le Meilleur de race doit obligatoirement participer au Meilleur de groupe puis, s'il est choisi, au Best in Show (désignation du meilleur chien de l'exposition).

Dans les expositions nationales et internationales, seuls les quatre premiers chiens sont classés. Mais, dans les expositions Régionales et Nationale d'élevage caractérisées par un nombre important de chiens dans chaque classe, il est de coutume de classer les dix premiers chiens.

> Devenir champion national de conformité au standard

Pour obtenir ce titre, le chien doit remporter et cumuler trois CACS bien particuliers :

– le CACS du Championnat de France ou celui de la Nationale d'élevage, accompagné d'un test de caractère ;

– le CACS d'une exposition qualifiée par le club de « spéciale de race » ;

– le CACS d'une exposition internationale dans laquelle est obligatoirement attribué le CACIB.

Ces deux derniers CACS devront être remportés dans un délai maximum de 2 ans après l'obtention du CACS du Championnat de France ou de la Nationale d'élevage.

Les trois CACS devront être obtenus sous trois juges différents.

L'exposition Nationale d'élevage devra réunir un minimum de cinquante sujets pour l'ensemble de la race.

Seuls les chiens reconnus par le club indemnes de dysplasie coxo-fémorale (stade A ou B) et étant reconnus exempts de tares oculaires (AOC, APR, cataracte juvénile) par un

vétérinaire ophtalmologiste agrée par la Société centrale canine pourront accéder à l'homologation de ce titre.

> Devenir champion international de beauté

Votre berger australien ne peut obtenir ce titre car la race est toujours reconnue à titre provisoire par la FCI. Cette mesure devrait être levée en 2006, date à laquelle la période d'observation de la race qui dure 10 ans arrivera à échéance.

Pour obtenir ce titre, le chien doit obtenir quatre CACIB dans trois pays différents et sous trois juges différents. Un des quatre CACIB doit être obtenu dans le pays de résidence du propriétaire du chien ou dans le pays d'origine de la race.

Il doit obligatoirement s'écouler un délai de 1 an et un jour entre le premier CACIB obtenu et le dernier des quatre nécessaires à l'homologation.

> La confirmation

Derrière ce terme un peu administratif, se cache un examen auquel doit être soumis tout chien de race pour obtenir son pedigree. Rassurez-vous, on ne va pas demander à votre aussie favori de faire les « pattes au mur » ou de rassembler un troupeau de brebis. Lors de cet examen, qui peut se dérouler lors d'une exposition ou d'une présentation canine, ou encore lors d'une séance de confirmation proprement dite, le juge canin va vérifier que, morphologiquement votre berger australien est bien conforme au standard de la race et que son caractère l'est aussi.

Lors de cet examen, vous devrez vous munir de la carte d'identification de votre chien, de son certificat de naissance (pedigree provisoire) et du formulaire de confirmation que vous aura éventuellement remis votre éleveur. Ces formulaires sont également disponibles au secrétariat de ces expositions ou séances de confirmation. L'âge minimum pour la confirmation d'un berger australien est de 1 an. Si cette démarche vous inquiète, demandez à l'éleveur de votre chien de vous assister. Le club de race peut également vous renseigner et vous aider.

Une fois cet examen réussi, votre chien aura reçu l'autorisation de produire des chiots qui pourront être inscrits au LOF (s'il est marié à une femelle elle aussi confirmée).

Pour les sujets dont au moins un des deux parents n'est pas inscrit à titre définitif au LOF, il est possible de demander une confirmation à titre initial. Ce type de confirmation est légèrement différent de celle réalisée au titre de la descendance ou de l'importation.

Nous vous indiquons ci-dessous les conditions actuelles pour obtenir cette inscription à titre initial. L'aussie doit être présenté à la confirmation dans les mêmes conditions qu'un sujet qui demande l'inscription au titre de la descendance ou de l'importation mais doit obtenir au moins le qualificatif Très bon.

Il doit ensuite réaliser une radiographie de dépistage de la dysplasie de la hanche, lue par un des lecteurs officiels du club, avec une interprétation A ou B.

Il doit également être titulaire de son test de caractère du CFACRBA ou un CSAU (Certificat de sociabilité et d'aptitude à l'utilisation) ou un CANT (Certificat d'aptitude naturelle au troupeau).

L'ÉLEVAGE DU BERGER AUSTRALIEN

Se lancer dans l'élevage canin, n'est pas à la portée du premier venu. Le futur éleveur doit avant tout être motivé et bien préparé dans tous les domaines.
On distingue l'éleveur dit « professionnel » dont l'élevage est la principale source de revenus et l'éleveur dit « amateur » qui pratique l'élevage en plus de son activité professionnelle.

Devenir éleveur

Les principales qualités d'un éleveur sont la modestie et l'objectivité. Au même titre qu'un agriculteur, ou un éleveur de bovins, un éleveur de chiens travaille 7 jours sur 7 et 365 jours par an. Il doit être compétent tant pour le soin et le bien-être de ses animaux que pour les tâches administratives.

Les tâches quotidiennes sont lourdes. Chaque jour, il faut procéder au nettoyage des locaux intérieurs et extérieurs, aux soins et à l'alimentation des chiens, sans omettre les promenades, les jeux et bien sûr les câlins. Sans oublier que les femelles gestantes et les chiots demandent du travail supplémentaire et beaucoup d'attention. La comptabilité de l'élevage, le suivi des chiots, les rendez-vous avec les éventuels acquéreurs, les entretiens téléphoniques et toutes les tâches administratives font également partie du métier.

Installer son élevage

Selon son importance, le futur éleveur devra se plier à certains impératifs et entreprendre nombre de démarches. La conception de l'élevage devra prendre en compte les obligations légales et les contraintes relatives à la gestion de plusieurs chiens. Le lieu de l'élevage sera minutieusement choisi et réfléchi en tenant compte de plusieurs facteurs : l'environnement, la taille de l'exploitation, les dépendances, la superficie des terrains... L'aménagement des locaux s'effectuera selon les normes sanitaires obligatoires.

> Le certificat de capacité

Une loi française stipule qu'une personne produisant au moins deux portées de chiots par an doit être en possession d'un certificat de capacité. Ce dernier atteste des bonnes connaissances cynophiles de l'éleveur. Le dossier de demande est à adresser au préfet du département du lieu où s'exerce l'activité d'élevage.

> La demande d'affixe

La demande est à formuler auprès de la Société centrale canine. L'affixe est en quelque sorte la carte de visite de l'élevage. Il se présente sous la forme d'un ou plusieurs mots qui seront ajoutés au nom de tous les chiots nés à l'élevage. Son obtention et son utilisation sont réglementées. Il n'existe pas deux affixes identiques. Pour l'obtenir vous devez :

– ne produire et n'élever que des chiens de race inscrits au LOF ;

– soumettre au contrôle de la SCC la totalité des produits de votre élevage ;

– respecter les directives d'élevage de l'association de race ;

– faire inscrire au LOF la totalité des produits de votre élevage ;

– vous acquitter d'un droit d'entrée qui s'élève actuellement à 168 euros ;

– obtenir l'autorisation du club de race.

Le choix des reproducteurs

Prenez votre temps. Les expositions canines sont des lieux à privilégier pour rencontrer des bergers australiens de différentes lignées et multiplier les contacts avec les autres éleveurs.

Étudiez les pedigrees, contrôlez les radios de dysplasie et les tests des tares oculaires.

Partir sur de bonnes bases est important, c'est pourquoi l'acquisition de la première reproductrice et du premier étalon ne doit pas se faire dans la précipitation.

Mariage à proscrire : ne jamais accoupler deux sujets merle.

L'accouplement

La naissance d'un chiot résulte de la fécondation d'un ovule de la femelle par un spermatozoïde du mâle.

Pour que cette rencontre puisse avoir lieu, il est important de connaître le déroulement du cycle sexuel de la femelle. Ce cycle comporte quatre phases et il dure environ 6 mois. Les premières chaleurs de la femelle peuvent apparaître entre l'âge de 6 à 9 mois. Elles passent parfois inaperçues.

> Le cycle de la femelle

• Le pro-œstrus

Durant cette première phase, on constate des écoulements sanguins au niveau de la vulve de la femelle.

Cette période dure entre 8 et 13 jours, pendant lesquels la femelle attire le mâle mais ne l'accepte pas.

• L'œstrus

Pendant cette seconde phase, les saignements diminuent, la femelle attire le mâle et cette fois-ci accepte l'accouplement, parfois pendant très peu de temps. L'ovulation se produit en général au deuxième jour de cette phase. Ce sera le meilleur moment pour réaliser l'accouplement. Cette période peut durer de 4 à 7 jours.

• Le postœstrus

Cette phase dure entre 6 et 10 semaines. Si des ovules de la femelle ont été fécondés, ils se fixeront dans la muqueuse de l'endomètre où ils se transformeront en fœtus. Si la chienne n'a pas été fécondée elle peut, durant cette phase d'intense activité, développer sous l'effet de certaines hormones une grossesse nerveuse, parfois accompagnée d'une montée de lait. La chienne se comporte alors comme si elle attendait des petits, ou comme si elle en avait eu. Elle choisit un ou plusieurs objets qu'elle garde toujours avec elle et qu'elle protège.

• L'anoestrus

C'est la période de repos de l'appareil reproducteur de la femelle. Cette phase dure environ 15 semaines.

> Quand faire saillir sa chienne ?

Avant tout, on aura pris soin de la vermifuger avant la saillie.

Si l'on suit la description du cycle de la femelle il apparaît que, dans la majorité des cas, le bon moment de la saillie se situe entre le neuvième et le quinzième jour après le début des saignements. On sait également que la durée de vie d'un ovule varie de 1 à 2 jours, alors que celle d'un spermatozoïde est de six jours environ. Il faut donc pratiquer des frottis vaginaux dès le sixième jour des chaleurs puis, si nécessaire et pour confirmer l'imminence de l'ovulation, faire pratiquer un dosage de progestérone par le vétérinaire. Si le diagnostic est bon, il faut effectuer une première saillie, puis la renouveler 48 heures plus tard.

La première cause d'infertilité chez la femelle est le mauvais moment de la saillie. Nous savons maintenant, grâce à de nombreuses recherches, que certaines chiennes ovulent dès le sixième jour et d'autres pas avant le vingtième.

Certaines chiennes sur le point d'ovuler refusent encore que le mâle ne les approche. Dans ce cas-là, il faut avoir recours à l'insémination artificielle avec la semence fraîche du mâle. Il existe également en France, aux écoles vétérinaires de Maisons-Alfort et de Lyon, une banque de semence congelée, qui permet de réaliser des inséminations artificielles même en l'absence (ou après la mort) du mâle.

> La saillie

Si la chienne est prête, la phase de saillie peut avoir lieu. Elle se déroule en général au domicile du mâle, ceci afin d'accentuer sa dominance. Présentez le mâle à la femelle puis laissez-les s'ébattre et jouer ensemble. Après quelques moments de jeu, la femelle décidera du bon moment: elle se posera, les pattes arrière légèrement écartées, le dos cambré, et attendra que le mâle monte sur son dos avec ses pattes avant. Vous devrez peut-être guider le mâle pour l'aider dans la phase de pénétration. Une fois ce premier acte réalisé et après environ une minute, un processus mécanique entre en jeu, c'est le verrouillage: le gland du mâle se gonfle alors que la paroi vaginale de la femelle se contracte assurant ainsi un blocage et une étanchéité parfaite. Cet état favorise la migration des spermatozoïdes vers les ovules. Ce verrouillage oblige donc les deux chiens à rester collés, le mâle arrête alors tout mouvement et descend ses pattes du dos de la femelle.

Le couple se place alors derrière contre derrière comme s'ils voulaient partir dans des directions opposées tout en restant fixés l'un à l'autre. Cette position peut durer vingt à trente minutes et prendra fin naturellement sans aucune intervention extérieure. Il est préférable d'assister à toutes les saillies afin de prévenir tout événement fâcheux: chienne agressive, mâle trop empressé, chiens essayant de se séparer alors qu'ils sont collés, etc.

La gestation

Très peu de signes extérieurs signalent qu'une chienne est gestante. Seule une palpation à partir de la quatrième semaine suivant la saillie peut permettre de détecter la présence de fœtus. L'échographie se révèle être aussi une méthode de diagnostic très efficace. Ces deux examens doivent être pratiqués par le vétérinaire. On peut également faire réaliser une radiographie à partir de 50 jours de gestation pour évaluer le nombre des chiots car, à ce stade, le squelette du chiot est visible.

La gestation d'une femelle dure environ 63 jours, mais une surveillance attentive une semaine avant la date prévue de la mise bas est requise. Une méthode fiable pour connaître l'imminence d'une mise bas est la méthode de la température. Il suffit de prendre la température de la femelle matin et soir une semaine avant la date prévue de la mise bas. Cette température oscillera aux environs de 38 °C, puis chutera subitement de un ou deux degrés. Dès que cette chute de température est constatée, la mise bas aura lieu dans les 24 heures. La chienne devient alors de plus en plus inquiète et nerveuse; elle gratte le sol en cherchant à faire son « nid ». Certaines chiennes préfèrent faire naître leurs petits debout, elles souffrent moins. La surveillance et l'assistance de l'éleveur sont indispensables pour assurer un maximum de chance de survie aux nouveau-nés.

La mise bas

> Le matériel

Il vous faudra une caisse de mise bas suffisamment grande et pas trop haute pour que la chienne puisse se tourner sans piétiner ses chiots. Vous la mettrez dans une pièce non humide, sans courants d'air et calme. Le matériel qu'il faut avoir sous la main au moment de la mise bas:

– des serviettes éponge;
– des draps ou couvertures (Vetbed™) ;
– des serpillières;
– une lampe infrarouge (qui sera suspendue) ;
– une caisse en plastique (40 cm x 40 cm x 30 cm) ;
– une bouillotte (en caoutchouc) ;
– un thermomètre;
– une paire de ciseaux;
– du fil de coton ou de soie;
– des gouttes de stimulant respiratoire;
– un spray désinfectant;
– un réveil;
– une balance de ménage (pour peser les bébés);
– des fiches de renseignements (pour l'identification des chiots).

> Le déroulement

La chienne commence à avoir de petites contractions, son halètement s'accélère et sa vulve laisse échapper un liquide visqueux. Suivent des contractions plus fortes pendant lesquelles la chienne bloque sa respiration: l'arrivée du premier chiot est imminente. Le chiot sort du ventre de sa mère dans une poche

transparente (le sac amniotique), la chienne doit normalement l'ouvrir avec ses dents et lécher le chiot puis elle coupera le cordon ombilical qui le reliait à la poche et au placenta.

Si la chienne expulse le chiot et qu'elle le regarde sans daigner s'en occuper, c'est à l'éleveur que revient cette délicate tâche. Avec le doigt, il faut percer le sac à proximité de la tête du chiot, le sortir, puis le frotter énergiquement avec une serviette éponge, tête vers le bas. Il doit crier. S'il a de la peine à respirer, on dépose quelques gouttes de stimulant respiratoire sur sa langue et on continue à le frotter, à proximité de la lampe infrarouge, pour le réchauffer.

Une fois que le bébé respire normalement, on peut nouer le cordon ombilical du chiot avec un petit fil de coton à 3 cm de son ventre, on le coupe avec des ciseaux pour le séparer de son enveloppe (accompagnée ou non du placenta) que la chienne voudra probablement manger. Ce réflexe naturel a pour effet de stimuler la montée de lait de la chienne. Dans le cas d'une portée importante, on évite de laisser la chienne manger tous les placentas car elle se rendrait malade.

Le chiot ainsi né sera ensuite placé à proximité d'une mamelle de la chienne. S'il n'est pas très intéressé, l'éleveur pourra l'aider et pressera légèrement la mamelle pour faire apparaître quelques gouttes de lait (le colostrum). La chienne et le chiot seront couchés sur une couverture sous une lampe infrarouge suspendue à environ 50 cm du sol. La température de la pièce se situera aux alentours de 20 °C alors que sous la lampe infrarouge la température devra être d'au moins 27 °C. Le chiot sera pesé et identifié (sexe, couleur…) et on notera ces renseignements accompagnés de l'ordre de naissance et de l'heure sur une fiche. Le deuxième chiot apparaîtra normalement 15 à

30 minutes plus tard, mais il se peut que la chienne prenne son temps. On peut s'inquiéter si, au-delà de deux heures, la chienne a de fortes contractions et qu'elle n'arrive pas à expulser un chiot. Dans ce cas, seul le vétérinaire pourra intervenir.

La chienne peut, entre deux chiots, sortir se dégourdir un peu et faire ses besoins. On rassemble alors les chiots déjà nés dans une caisse en plastique avec une bouillotte recouverte d'un linge, sous la lampe infrarouge. Attention lorsqu'on sort la chienne, il est prudent de se munir d'un linge et d'une lampe électrique s'il fait nuit. On restera à proximité d'elle car parfois ce petit exercice aide à la naissance d'un chiot. Pendant la mise bas, une gamelle d'eau fraîche doit être à la disposition de la chienne. Les chiots peuvent se présenter par la tête ou par le siège et il se peut également que sous l'effet des contractions, un chiot soit expulsé hors de la poche alors qu'il est encore dans le ventre de la mère. Il faut ranimer le chiot et tenter d'évacuer le liquide qu'il a pu absorber durant cette phase.

Les jours suivants, on pèsera chaque chiot à heure fixe pour s'assurer qu'ils profitent bien. Toute baisse de poids d'un jour sur l'autre qui se renouvelle deux jours consécutifs doit vous alarmer. Au-delà de huit chiots, ou si la production de lait est insuffisante, il faudra donner des biberons aux chiots. Dans ce cas, on utilise du lait maternisé pour chiot, disponible en pharmacie ou chez le vétérinaire. Le poids de naissance des chiots doit normalement doubler en une semaine.

> L'ablation des ergots

Chez le berger australien, les ergots peuvent être laissés sur les membres antérieurs mais doivent être ôtés sur les membres postérieurs. On procède à l'ablation vers l'âge de 2 jours. Certains chiots en ont à l'avant et à l'arrière, d'autres, seulement à l'avant. Cette opération se réalise à l'aide d'une paire de ciseaux désinfectés, et compte tenu de la taille minuscule de ce cinquième doigt, ne provoque que peu ou pas de saignement.

> La coupe de la queue

Comme nous l'avons vu précédemment, le berger australien peut naître sans queue, avec une queue écourtée ou avec la queue longue. Chez les sujets avec queue, certains éleveurs pratiquent la caudectomie (raccourcissement de la queue). La technique la plus utilisée est celle employée par les bergers avec les moutons. On pose un petit élastique à la base de la queue, la circulation sanguine peu importante dans cette partie du corps est immédiatement stoppée, ce qui a pour effet d'en provoquer le dessèchement et la chute au bout de quelques jours.

Les premières semaines de la vie du chiot

Pendant les dernières semaines de la gestation et pendant la période de lactation, les besoins alimentaires de la mère pourront doubler : on préférera multiplier les petits repas plutôt que de donner un seul repas important. Afin d'éviter l'éclampsie due à une carence en calcium, il est souhaitable de supplémenter la mère en calcium pendant la lactation (2 cuillères à soupe de calcium Sandoz™ par jour).

Les trois premières semaines, l'alimentation des chiots est exclusivement composée de lait maternel et d'éventuels biberons de supplément.

À partir de 3 semaines, on peut commencer le sevrage en préparant une bouillie composée d'eau chaude et de croquettes spéciales chiots que l'on aura mixées. Cette bouillie sera par la suite de moins en moins réhydratée et de moins en moins mixée pour arriver progressivement à donner des repas de croquettes sèches. Ces repas seront au nombre de deux ou de trois et l'on conservera un repas lacté qui pourra se composer de fromage blanc ou de yaourt légèrement sucré.

Les premières semaines de la vie des chiots, le processus urinaire et de défécation est stimulé par la mère qui lèche le ventre des chiots puis mange leurs excréments.

Il est nécessaire de raccourcir les griffes des pattes avant des chiots afin qu'ils n'endolorissent pas trop les tétines de leur mère.

> Les grandes étapes de l'évolution du chiot

À la naissance, le chiot n'utilise que son odorat et se déplace en rampant. Ses yeux s'ouvriront vers le 12e jour et sa vue commencera à se développer progressivement. C'est aussi à ce stade que le sens de l'audition se développe. À partir de 3 semaines, le chiot commence à se déplacer en équilibre sur ses pattes et apprend la hiérarchie C'est aussi à cet âge que les dents de lait apparaissent. Le renouvellement de cette primodentition par des dents d'adulte intervient dès 4 mois et, à l'âge de 8 mois, toutes les dents sont sorties. Dès l'âge de 2 mois, il est possible

de palper sur un mâle les deux testicules dans les bourses. Parfois, il arrive que l'un des deux remonte et sorte des bourses pour redescendre en bonne place quelques semaines plus tard. En règle générale, le chiot mâle doit avoir ses attributs en place à 4 mois.

Les démarches administratives pour inscrire les chiots au LOF

> Le contrat de saillie

La femelle et l'étalon doivent être confirmés. Un contrat de saillie sera établi et signé avant l'accouplement. Il en précisera les modalités, et notamment le prix. Il existe un règlement international d'élevage que tout éleveur doit connaître et appliquer. Il a été adopté par la Fédération cynologique internationale en 1974 et modifié en 1987. Il remplace un écrit qui datait de 1934 et qui avait pour nom « Coutume internationale d'élevage de Monaco ». Il traite, notamment, des points suivants:

- transport et frais d'entretien de la lice;
- responsabilité;
- décès de la chienne;
- choix de l'étalon;
- saillie erronée;
- attestation de saillie;
- dédommagement pour la saillie;
- la lice demeure vide;
- insémination artificielle;
- cession du droit d'élevage;
- inscription des chiots au Livre des origines.

> La déclaration de saillie

Une fois la saillie effectuée, le propriétaire de l'étalon et celui de la femelle remplissent une déclaration de saillie (formulaire officiel à demander à la SCC) qui contient les coordonnés du mâle et de la femelle et des propriétaires, ainsi que la date de la saillie. C'est le propriétaire de la lice qui doit renvoyer cette déclaration, accompagnée du règlement demandé, à la SCC dans les 4 semaines qui suivent l'accouplement. La Société centrale canine retourne alors une liasse de documents qui contient une déclaration de naissance et une demande d'inscription de la portée au LOF.

> La déclaration de naissance

La déclaration de naissance, sur laquelle figurent déjà les noms du père et de la mère des chiots, est à compléter : date de la mise bas, nombre de chiots avec la répartition mâles-femelles, et à retourner à la SCC dans les 15 jours qui suivent la naissance. Si la chienne reste vide, il est obligatoire de retourner la déclaration de naissance avec l'inscription « 0 chiot ».

Lorsque les chiots seront baptisés et tatoués, l'éleveur retourne à la SCC la demande d'inscription de la portée avec tous les noms des chiots, leur sexe, et leur numéro d'identification, ainsi que le volet des cartes de tatouages ou de puce électronique qui doivent lui revenir, le tout accompagné du règlement demandé. La SCC renvoie alors les déclarations de naissance (pedigrees provisoires) pour chaque chiot.

Glossaire

AB : assez bon.
Affixe : nom de l'élevage.
AKC : american Kennel Club.
AOC : anomalie de l'œil du colley.
APR : atrophie progressive de la rétine.
ASCA : Australian Shepherd Club of America.

BIS : Best in Show (meilleur chien d'une exposition).
BOG : Best of Group (meilleur de groupe).

CACIB : Certificat d'aptitude au championnat international de beauté.
CANT : Certificat d'aptitude naturelle au troupeau.
CCHF : classe Champion femelle.
CCHM : classe Champion mâle.
CFACRBA : Club français pour l'amélioration des chiens de race berger australien.
CHIB : Champion international de beauté.
CJF : classe Jeune femelle.
CJM : classe Jeune mâle.
COF : classe Ouverte femelle.
CSAU : Certificat de sociabilité et d'aptitude à l'utilisation.

Dysplasie : maladie due à une malformation et à une usure prématurée d'une articulation (dysplasie de la hanche).

Éclampsie : trouble causé par une carence en calcium.
Étalon : mâle reproducteur.
Étrille : brosse recouverte de picots métalliques rigides.
EXC : Excellent.

FCI : Fédération cynologique internationale.

Gène : élément du chromosome qui conditionne la transmission et l'expression des caractères héréditaires.

HD : Hyp Dysplasia (sigle international de la dysplasie coxo-fémorale).

KC : Kennel Club (britannique).

Ladre : partie de peau sans pigmentation.
Lice : femelle reproductrice.
LOF : Livre des origines français.

Monorchide : chien n'ayant qu'un seul testicule dans les bourses.

P : Prometteur.
PM1 : première prémolaire (également PC1).
PM2 : deuxième prémolaire (également PC2).
PM3 : troisième prémolaire (également PC3).
PM4 : quatrième prémolaire (également PC4).

RCACIB : Réserve de certificat d'aptitude au championnat international de beauté.
RCACS : Réserve de certificat d'aptitude et de conformité au standard.
RI : registre initial.

SCC : Société centrale canine.

TAN : Test d'aptitudes naturelles.
TB : Très bon.
TP : Très prometteur.
TI : Titre initial.

USASA : United States Australian Shepherd Association.

Adresses utiles

Société centrale canine (SCC)
155, avenue Jean-Jaurès
93535 Aubervilliers Cedex
Tél. : 01 49 37 54 00
www.scc.asso.fr

Fédération cynologique internationale (FCI)
13, place Albert-Ier
6530-Thuin (Belgique)
Tél. : 00 71 59 12 38
www.fci.be

Club français pour l'amélioration des chiens de race berger australien (CFACRBA)
En Gelis
81220 Prades
Tél. : 05 63 70 46 76
http://cfacrba.free.fr

Centre d'étude et de recherche en reproduction et élevage canin (CEREC)
École vétérinaire de Lyon
1, avenue Bourgelat
BP 83
69280 Marcy-l'Étoile
Tél. : 04 78 87 25 35

INDEX

Dans la même collection

– *Le Chartreux,* Christiane Sacase.
– *L'Européen,* Brigitte Bulard-Cordeau.
– *Le Maine coon,* Philippe Noël.
– *Le Norvégien,* Martine Casteran.
– *Le Persan,* Brigitte Bulard-Cordeau.
– *Le Sacré de Birmanie,* Catherine Kretz.

– *Le Basset-hound,* Jacques Médard-Ringuet.
– *Le Bearded collie,* Lucien Chaponet et Jacques Coly.
– *Le Beauceron,* Monique Reverdy.
– *Le Berger allemand,* Marc Renaud.
– *Le Berger australien,* Pascale et Pascal Grappin.
– *Les Bergers belges,* Marie-France Varlet-Dewaële.
– *Le Bichon frisé,* Dr Alain Fournier.
– *Le Border terrier,* Alain Bobek et Muriel Murineddu.
– *Le Bouledogue français,* Dr Jacques Mulin.
– *Le Bouvier bernois,* Chantal Leclercq.
– *Le Boxer,* Jean-Claude Mariet.
– *Le Briard,* Catherine Fauguière.
– *Le Bull terrier,* Julie Deutsch.
– *Le Cairn terrier,* Gérard Sasias.
– *Le Cane corso,* Claude Pacheteau.
– *Le Caniche,* Philippe Coquelin.
– *Le Cavalier king charles,* Danielle Marchand.
– *Le Chien de Saint-Hubert,* Jean-Pierre Boitard.
– *Le Cocker américain,* Laurent Pichard.
– *Le Cocker spaniel,* Dr Alain Fournier.
– *Le Coton de Tuléar,* Goran Brkic.
– *Le Dobermann,* Angélique Heynard.
– *Le Dogue allemand,* Marie-José Labrousse.
– *Le Dogue argentin,* Claude Pacheteau.
– *L'Épagneul breton,* Dr Alain Fournier.
– *Le Fox-terrier,* Dr Alain Fournier.
– *Le Golden retriever,* Véronique Morize.
– *Le Jack et le parson russell terrier,* Chantal Leclercq.
– *Le Labrador,* Gérard Sasias.
– *Le Léonberg,* Georges Blin.
– *Le Lévrier afghan,* Martial Robin.
– *Le Rottweiler,* Frank Haymann.
– *Le Shih tzu,* Boris Alexis.
– *Le Terre-neuve,* Frank Haymann.
– *Le Terrier du Tibet,* Lydie Estru.
– *Le West highland white terrier,* Ruth O'Connor.
– *Le Whippet,* Lise Mayjonade et Catherine Kretz.
– *Le Yorkshire terrier,* Alain Bobek.

Crédits photographiques

DR/COGIS : 44 b ; **Français/COGIS :** 8-9, 17, 22, 23, 26-27, 28, 45, 50, 51, 52, 53, 55, 56-57, 64, 67, 70-71, 75, 78, 84-85, 86, 87, 88-89, 94, 95, 100, 102-103, 104-105, 113, 116, 121, 125, 128, 131, 141 ; **Gauzargues/COGIS :** 12, 34, 42, 43, 54, 59, 69, 79, 118-119, 132-133, 138-139 ; **Grappin Pascal :** 38 ; **Hermeline/COGIS :** 4, 7, 11, 20-21, 24-25, 30, 31, 35, 36-37, 39, 44 h, 48-49, 58, 60-61, 63, 66, 77, 80-81, 82, 90, 92-93, 97, 106, 107, 110, 114-115, 122-123, 126-127, 136-137 ; **Lanceau/COGIS :** 14-15, 40-41, 72-73, 74 ; **Lepage/COGIS :** 46-47, 98-99 ; **Monnier/COGIS :** 32-33, 108-109, 135.